미래사회 주역이 될 청소년들을 위해

인생의 행복과 성공에 공짜는 없다

인생의
행복과 성공에
공짜는 없다

초판 1쇄 인쇄 2024년 5월 22일
초판 1쇄 발행 2024년 5월 29일
지은이 허대조 · 변재황 · 이두호 · 민병철 · 주영재 · 최정철
엮음 더 반듯하게회

펴낸이 김양수
편집디자인 안은숙
교정 연유나

펴낸곳 도서출판 맑은샘
출판등록 제2012-000035
주소 경기도 고양시 일산서구 중앙로 1456(주엽동) 서현프라자 604호
전화 031) 906-5006
팩스 031) 906-5079
홈페이지 www.booksam.kr
블로그 http://blog.naver.com/okbook1234
이메일 okbook1234@naver.com
ISBN 979-11-5778-645-9 (43190)

미래사회 주역이 될 청소년들을 위해

인생의
행복과 성공에
공짜는 없—다

더 반듯하게회 엮음

맑은샘

    뉴욕 중심가, "나는 앞을 볼 수 없습니다"라고 쓴 팻말 앞에 동전통을 놓고 앉아서 행인들이 동전을 넣어주기를 기다리는 걸인이 있었습니다. 그러나 동전통은 거의 비어 있었습니다. 그런데 어느 행인이 "봄이 왔습니다. 그러나 나는 봄을 볼 수도 느낄 수도 없습니다"라고 써서 팻말을 바꿔 놓아주었습니다. 얼마 지나지 않아 동전통에 동전이 수북이 쌓였습니다. 사회생활이나 인간관계에서 경우에 따라 '감성[1]이 조금이라도 느껴져야 한다'는 의미입니다.

    "지능적[2] 사고[3]를 키우는 교육이 중요하지만 이에 못지않게 정서적[4] 감성을 키우는 교육도 중요하다"고 합니다. "감성은 인성을 빛내고 돕는 에너지다" "청소년기는 인성을 형성하는 데 매우 중요한 시기다" "올바른 인성을 형성하기 위해서는 좋은 책을 많이 읽는 것이 좋다"라는 말도 들어보았을 것입니다.

---

1   감성(感性): 자극에 대하여 느낌이 일어나는 능력.
2   지능적(知能的): 어떤 사물이나 현상에 대하여 그 의미를 이해하고 처리 방법을 알아내는 지적 활동의 능력이 있는 것.
3   사고(思考): 생각하고 궁리함.
4   정서적(情緖的): 사람의 마음에 일어나는 여러 가지 감정과 관련된 (것).

미래세대 청소년 여러분! 여러분의 올바른 인성 형성에, 사고력과 이해력 향상에, 창의력 증진에, 학습능률 향상에, 훌륭한 인재로 성장하는 데 도움이 되기를 바라는 마음으로 우리 '더 반듯하게회'[5]에서 이 책을 펴냈습니다.

1. 청소년 여러분의 중요한 덕목[6]은 올바른 인성과 창의력

한 대기업 인사 담당자는 "**인성**이 좋지 않은 직원은 팀 전체의 효율성에 큰 영향을 미친다. 학점이 뛰어나도 **인성검사**에서 탈락하면 입사하기 힘들다"고 말했다는 언론 기사가 있습니다. 또한 "기업이 인재를 뽑을 때 가장 중요하게 보는 것은 **인성**이다. 능력은 입사 후에도 키울 수 있지만 인성은 쉽게 변하지 않기 때문이다"란 기사도 있습니다. '인성'에 관한 이러한 현상은 세계적인 추세라고 합니다. 교과서적 지식만을 가진 사람보다 창의력[7]까지 가진 사람을 더 필요로 합니다.

다음은 '인성'에 관해 여러 언론에 보도된 기사들입니다. 이에 관한 내용은 본문 1장 6항부터 8항까지입니다.

---

5   더 반듯하게회: 부산중·고등학교 재경동창회 회원들 중 청소년들에게 관심을 가진 회원들 모임.
6   덕목(德目): 타고난 천성으로 간주하여 추구하고 실천해야 할 가치 항목. 예 : 지도자의 덕목.
7   창의력(創意力): 새로운 것을 생각해 내는 능력.

* "요즘은 '인성검사'가 입사 좌우…블라인드 채용[8]에는 더 중요"
  − 한국경제
* "대입서 가장 중요한 것은…6년 만에 '인성'이 '수능' 앞섰다"
  − 연합뉴스
* 영화 〈부활〉 구수환 감독 "이태석 정신=인성교육의 지침서"
  − 스포츠동아

이상에서와 같이 미래세대 청소년 여러분이 갖춰야 할 중요한 덕목은 올바른 인성과 창의력입니다. 우리 '더 반듯하게회'에서 청소년 여러분이 현재의 학생 신분으로는 물론 장차 사회인이 되어서도 올바른 민주 시민으로 살아가기 위해 명심해야 할 사항, 실천해야 할 사항을 정성껏 만들어 **'청소년 생활윤리'**라고 이름 붙여 〈알고가기〉 뒤(20쪽)에 실었습니다.

저명한 언론인 '조갑제TV' 조갑제 대표님이 **청소년 생활윤리를 금과 옥조**[9]라고 평했습니다. 기초 공사가 부실한 건물은 무너질 수도 있습니다. 여러분의 올바른 인성과 창의력, 청소년 생활윤리는 건물의 튼튼한 기초 공사와 같습니다.

---

8 블라인드 채용(Blind Hiring): 채용과정(서류·필기·면접)에서 편견이 개입돼 불합리한 차별을 야기할 수 있는 출신지·가족관계·학력·신체조건 등을 요구하지 않고, 지원자의 실력(직무능력)만을 평가하여 인재를 채용하는 방식.

9 금과옥조(金科玉條): 금이나 옥처럼 귀중히 여겨 꼭 지켜야 할 법칙이나 규정.

2. 책 본문의 내용을 개념별로 5개의 장으로 구분했습니다.

- 1장 훌륭한 인성, 선행과 미담
- 2장 한계를 극복한 인간승리의 주인공들
- 3장 창의력·IT[10]·4차 산업혁명[11] 관련
- 4장 세계를 무대로! 무대를 품 안에!
- 5장 숭고한 희생정신 잊지 말아야

    2·3·4·5장은 1장의 〈훌륭한 인성, 선행과 미담〉의 외연[12]을 확대하여 승화시킨 결과라고 할 수 있습니다.

3. 학습능률·학업성적은 꾸준한 반복 학습을 통해 향상됩니다.

무슨 일이든지 노력 없이 또 갑자기 이루어지는 일은 없습니다. 모든 일은 꾸준한 반복 학습, 강한 의지와 노력을 통해 점점 익숙해지고 습관화되어 좋은 결실을 볼 수 있습니다. 학습능률·학업성적도 꾸준한 반복 학습을 통해 향상됩니다. **"반복 학습이 기적을 만든다"**라는 말이 있습니다.

---

10 IT(Information Technology): 인터넷의 성장으로 발달한 새로운 영역으로서 컴퓨터 하드웨어, 소프트웨어, 통신장비 관련 서비스와 부품을 생산하는 산업의 통칭. 인터넷이 일반화되면서 정보기술산업은 통신분야를 포함하게 되어 현재 IT라고 하면 정보기술에 통신을 더하여 정보통신기술이라는 의미로 이해되고 있다.

11 4차 산업혁명(Fourth Industrial Revolution): 인공지능(AI), 사물인터넷(IoT), 로봇기술, 드론, 자율주행차, 가상현실(VR) 등이 주도하는 차세대 산업혁명.

12 외연(外延): 일정한 개념이 적용되는 사물의 전 범위. 이를테면 금속이라고 하는 개념에 대해서는 금·은·구리·쇠 등이고 동물이라고 하는 개념에 대해서는 개·고양이·호랑이 등이다.

4. 올바른 인성을 형성하기 위해서는 좋은 책을 많이 읽어야

"청소년기는 인성을 형성하는 데 매우 중요한 시기다" "올바른 인성을 형성하기 위해서는 좋은 책을 많이 읽는 것이 좋다"라는 말이 있습니다.

이 책의 1장 〈훌륭한 인성, 선행과 미담〉의 다양한 실제 사례와 '청소년 생활윤리'를 주의 깊게 읽어보기 바랍니다. 책을 여러분 가까이 두고 내용이 조금이라도 궁금할 때 또는 가끔씩 내용을 음미[13]하면서 읽게 되면 청소년기의 올바른 인성 형성에, 사고력과 이해력 증진에, 학습능률·학업성적 향상에, 훌륭한 인재로 성장하는 데 큰 도움이 될 것입니다.

위의 2항 5개 장의 제목에서 느낄 수 있듯이 이 책을 읽게 되면 폭넓은 식견과 안목을 갖게 되는 시너지 효과를 기대할 수 있습니다.

5. 인생의 행복과 성공을 향해 나아가는 길에는 공짜가 없습니다.

이 책의 전편(全篇)에 소개된 많은 분들의 훌륭한 인성, 선행과 미담, 인간 승리의 감동 실화, 지식과 지혜, 창의력 등이 미래를 열어갈 청소년 여러분에게 인격 형성의 모태[14]가 되거나, 새로운 시각을 갖게 하거나, 동기부여가 되거나, 아이디어 또는 영감[15]을 얻게 하거나, 문제 해결의 실마리가 될 것입니다. 이는 곧 새로운 변화와 발전의 계기가 된다는 의미입니다.

---

13 음미 (吟味): 어떤 사물 또는 개념의 속 내용을 새겨서 느끼거나 생각함.

14 모태 (母胎): 사물의 발생·발전의 근거가 되는 토대를 비유적으로 이르는 말.

15 영감(靈感): 신령스러운 예감이나 느낌. 창조적인 일의 계기가 되는 기발한 착상이나 자극.

인생의 행복과 성공을 향해 나아가는 길, 목표를 향해 가는 길에는 공짜가 없습니다. 강한 의지와 노력, 끈질긴 집념과 인내가 필요합니다.

6. '유대인은 모두 한 형제다' 아픈 역사 딛고 뭉친 비결

(이 항은 2022년 8월 9일자 조선일보에 실린 홍익희 전 세종대 교수님의 기고문에서 인용하였습니다.)

유대인 부모들은 자녀가 유치원에 들어갈 때 해 주는 말이 있다.

"네가 이제 유치원에 가면 친구들을 만나게 될 텐데, 두 가지를 명심해라.

첫째, 친구보다 말을 많이 하지 말고 친구 말을 많이 들어야 한다. 사람은 누구나 단점과 허물이 있단다. 그러니 친구의 단점과 허물에 개의치 말고 친구 속에 숨어 있는 장점과 강점을 찾아보아라.

둘째, 어떤 경우에도 친구 험담을 하지 말아라. 유대 경전 미드라시에는 이런 말이 있다. '남을 헐뜯는 험담은 살인보다도 위험하다. 살인은 한 사람밖에 죽이지 않으나, 험담은 세 사람을 죽인다.' 곧 험담을 퍼뜨리는 사람 자신, 그것을 말리지 않고 듣고 있는 사람, 그 험담의 대상이 된 사람."

유대 율법은 사실이라 할지라도 다른 사람의 이미지를 깎아내리는 어떠한 말도 해서는 안 된다고 가르친다. 유대인의 토론 문화가 성숙한 것은 비판은 존중하되 인신공격적 비난과 비방은 엄격히 금하기 때문이다. 어릴 적부터 가정과 학교에서 이를 단단히 가르친다.

7. 세계를 무대로! 무대를 품 안에!

이러한 대명제[16]는 수출 지상주의[17]의 의미를 담고 있습니다. 이념과 체제를 초월하여 지구촌 절대 다수 국가들이 가장 우선적으로 지향하는 국가정책일 것입니다. 특히 우리나라는 전 세계에서 유일하게 '**고착화된 국가발전 저해요인 5가지**'(14쪽 〈알고가기〉 1항)를 안고 있기 때문에 '**세계를 무대로! 무대를 품 안에!**'라는 굳은 신념에 국제감각까지 겸비한 수출역군들이 많이 배출되어 지구촌 곳곳을 누비며 해외시장을 개척하고 수출시장 다변화[18]로 수출을 촉진시켜야 합니다.

'수출로 먹고사는 대한민국, 수출은 우리 민족 생존의 길이요 국력'입니다.

청소년 여러분! 장차 세계를 무대로 여러분의 꿈을 펼쳐보는 일은 참으로 보람 있고 가슴 뿌듯하고 영광스러운 일이며 국가와 사회에 크게 기여하는 일이 됩니다.

8. 이 책이 나올 수 있도록 도와주신 분들께 감사와 경의를 표합니다.

여러 언론사의 기사·사설[19]·칼럼[20]·기고문[21] 등에서 이 책을 만드는 취지에 부합하는 사항을 발췌·편집하여 앞의 2항에서와 같이 개

---

16 대명제(大命題): 어떤 문제에 대한 가장 기본이 되는 논리적 판단이나 주장을 언어나 기호로 표현한 것.

17 지상주의(至上主義): 어떤 것을 가장 으뜸으로 삼는 주의.

18 다변화(多邊化): 일의 방법이나 모양이 다양하고 복잡해짐. 또는 그렇게 만듦.

19 사설(社說): 신문이나 잡지에서, 글쓴이의 주장이나 의견을 써내는 논설.

20 칼럼(column): 신문, 잡지 등에서 시사성이 있는 문제나 사회의 관심거리 등에 대해 평한 짧은 기사.

21 기고문(寄稿文): 신문이나 잡지 등에 싣기 위하여 보낸 글.

념별로 5개의 장으로 구분하여 책을 만들었습니다.

청소년 여러분을 위해 유용한 자료와 정보를 이 책에 무상으로 싣도록 용단을 내려 주신 조선일보·동아일보·한국경제를 비롯한 여러 언론사 및 관계자분들께 깊은 감사와 경의를 표합니다. 좋은 기사를 취재해 주신 기자분들께도 감사드립니다. 이완 잡플렛 대표님, 도서출판 맑은샘 김양수 사장님을 비롯해 졸저가 양서로 거듭나도록 수고해 주신 출판사 분들께도 고마운 마음을 전합니다.

인생 황혼의 실버세대인 우리 '더 반듯하게회'에서는 영리 목적이 아닌, 오로지 우리의 미래세대 청소년 여러분이 훌륭한 인재로 성장해 주기를 바라는 간절한 마음에서 이 일을 시작했습니다.

9. 지속가능한 미래 사회의 새 지평을 열어 주기 바랍니다.

사랑하는 미래세대 청소년 여러분! 무궁한 세월을 살아가야 할 위대한 유산, 이 땅에 훌륭한 인재로 성장하여 힘과 지혜를 모아 '세계를 무대로! 무대를 품 안에!'라는 굳은 신념으로 수출 강국의 위상과 반듯한 나라의 기틀을 보다 확고히 함으로써 **지속가능한 미래 사회의 새 지평**을 열어 주기 바랍니다. 나아가서는 이 지구촌의 전 인류에게도 기여할 수 있는 **글로벌 인재**로 성장해 주기를 기원합니다.

더 반듯하게회

이 책의 머리말은 주로 미래세대 청소년들을 대상으로 쓴 내용이고, 이 '알고가기'는 성인들 위주로 내용을 구성했습니다.

전 세계에서 유일하게 우리나라만 **'고착화된 국가발전 저해요인 5가지'**란 악조건을 안고 있습니다. 그래서 청소년, 성인 구분 없이 전 국민이 '머리말'과 '알고가기' 두 가지를 모두 숙지하고 오늘날 4차 산업혁명의 치열한 국제경쟁에서 우리나라가 낙오되지 않도록 각오를 단단히 다져야 하겠습니다. 따라서 이 책을 **전 국민의 필독서**라고 할 수 있겠습니다.

다음의 * 표 5가지는 아래 1항 '고착화된…'부터 마지막 6항까지의 상세 내용을 요약한 내용입니다.

> * 전 세계에서 유일하게 우리나라만 안고 있는 **'고착화된 국가발전 저해요인 5가지'**가 있습니다.
>
> * 우리나라는 근현대사[22]의 민족적 수난과 시련을 슬기롭게 극복

---

22 근현대사: 근대와 현대의 역사를 아울러 이르는 말이다. 우리나라의 근대사는 1876년(고종 13년) 2월 강화도에서 조선과 일본이 체결한 강화도 조약으로 개항하게 된 이후부터 광복 이전까지로 본다. 현대사는 1945년 8·15 해방을 기점으로 보고 있다.

하고 **한강의 기적**을 이루었습니다. 이의 원동력은 우리 민족 고유의 **정신적 자산, 문화적 자산**[23]입니다. '정신적 자산'이란 우리 민족 고유의 저력과 정신력, 위기대처 능력을, '문화적 자산'이란 우리의 과학적인 문자와 독자적인 문화를 말합니다.

＊오늘날 **4차 산업혁명 시대**[24]의 치열한 국제경쟁에서 우리나라가 낙오되지 않기 위해서는 끊임없는 기술혁신, 첨단 과학기술 개발이 이루어져야 할 것입니다.

＊수출로 먹고사는 대한민국, 수출은 우리 민족 생존의 길이요 국력입니다.

＊지구촌의 후발국들, 그들은 **우리를 추월**할 수도 있습니다.

1. '고착화된 국가발전 저해요인 5가지'란?

협소한 국토, 천연자원 절대 부족, 남북분단 및 대치 상태, 지정학적 리스크, 우리 한반도를 둘러싼 강대국들 간의 이해 대립. 전 세계에서 유일하게 우리나라만 안고 있는 이들 5가지를 우리 **더 반듯하게회**에서는 '**고착화된 국가발전 저해요인 5가지**'라고 정의합니다. 이들 5가지는 우리나라 **국가경쟁력의 원천적인 취약점**입니다.

이 때문에 우리나라는 국가발전, 특히 경제발전 및 국방 분야에 다

---

23 정신적 자산, 문화적 자산: '정신적 자산·문화적 자산이란 명칭과 설명은 우리 더 반듯하게회에서 정하였음.

24 4차 산업혁명 시대(Fourth Industrial Revolution, 4IR): 정보통신기술(ICT)의 융합으로 이뤄지는 차세대 산업혁명으로, '초연결', '초지능', '초융합'으로 대표된다. 인공지능(AI), 사물인터넷(IoT), 로봇기술, 드론, 자율주행차, 가상현실(VR) 등이 주도하는 차세대 산업혁명을 말한다. 18세기 초기 산업혁명 이후 네 번째로 중요한 산업 시대이다.

른 나라들보다 훨씬 많은 시간과 노력, 희생 및 비용을 투입해야 합니다. 그래서 우리나라 국민들은 다른 나라 국민들보다 더 큰 어려움을 겪으며 살아간다고 하겠습니다. 따라서 우리나라는 전 세계에서 그 어떠한 나라들보다도 국민통합·국가발전이 더욱 절실한 실정입니다. 오늘날 4차 산업혁명의 치열한 국제경쟁에서 우리나라가 낙오되지 않기 위해서는 이 '고착화된 국가발전 저해요인 5가지'를 반드시 극복해야 합니다.

2. '고착화된 국가발전 저해요인들'을 극복하기 위한 방안은?

우선 전 국민이 분열과 대립을 넘어 화해와 협력의 시대를 열어가야 합니다. 이는 곧 **국민통합·국가발전**으로 이어지는 지름길이 될 것입니다.

다음으로는 각종 **비리·부조리 척결, 내로남불 추방**, 사회 각 부문의 **비능률·비효율적 요소를 제거**하여 **투명하고 공정한 사회**로 나아가야 하겠습니다.

세 번째로 기술혁신, 첨단 과학기술 개발 및 전문인력 양성, **산업구조의 고도화**[25]를 통해 국가경쟁력을 강화해야 합니다.

네 번째로 수출역군들이 '세계를 무대로! 무대를 품 안에!'라는 굳은 신념으로 **수출 증대를 위해 세계 무대를 누벼야** 합니다.

---

25   산업구조의 고도화: 산업화 과정에서 1차 산업은 농업·목축업·임업·어업 등 직접 자연에 작용하는 산업을 말하고, 2차 산업은 제조업·건설업·광업 등을, 3차 산업은 상업·금융업·운수 통신업 등 사회간접자본(SOC: Social Overhead Capital) 및 서비스 산업을 말한다. 산업구조는 국내총생산에서 1차 산업이 차지하는 비중이 감소하는 대신에 3차 산업과 2차 산업의 비중이 증가하여 국민경제 전체 산업에서 농림수산업 → 광공업 → 사회간접자본 및 서비스 산업의 순서로 이루어지는데, 이러한 현상을 산업구조의 고도화라고 한다.

마지막 다섯 번째는 미래세대 청소년들이 **올바른 인성과 창의력**을 갖추고 훌륭한 인재로 많이 배출돼야 합니다.

3. 어떠한 도전도 극복하고 더 높은 단계로 승화할 수 있습니다.

우리 민족은 '고착화된 국가발전 저해요인들'을 안고 있음에도 불구하고 우리 고유의 정신적 자산, 문화적 자산을 유감없이 발휘하여 우리나라 근현대사의 민족적 수난과 시련, 도전을 슬기롭게 극복하고 비약적인 경제발전을 통해 **한강의 기적**을 이루었습니다.

청소년 여러분! 정신적·문화적 자산의 유전자가 청소년 여러분의 몸과 마음속에 잠재되어 있습니다. 여러분은 그 어떠한 도전과 시련에 직면하더라도 두 가지 자산을 발휘하게 되면 이를 능히 극복하고 보다 성숙되고 더 높은 단계로 승화할 수 있습니다. 그 예로 지난날 우리 민족은 일제강점기 35년간 혹독한 시련을 겪었습니다. 1965년 한일 청구권 협정 체결 당시 우리나라 1인당 GDP[26]는 108달러, 일본은 900달러로 그 격차가 무려 9배 정도나 되었습니다. 그러나 2022년 우리의 1인당 GDP는 3만 5,000여 달러로 3만 9,000여 달러인 일본과의 격차를 현저하게 줄였습니다.

---

26 GDP(Gross Domestic Product, 국내총생산): 한 나라의 영역 내에서 가계, 기업, 정부 등 모든 경제 주체가 일정 기간 동안 생산활동에 참여하여 창출한 부가가치 또는 최종 생산물을 시장가격으로 평가한 합계.

4. 정신적·문화적 자산이 결여된 민족의 말로는?

정신적·문화적 자산이 결여된 민족은 점차 쇠락하거나 역사 속으로 소리 없이 사라지는 사례를 인류 역사에서 찾을 수 있습니다. 지난날의 토번(오늘의 티베트)은 당나라도 두려워하던 강성대국이었습니다. 당시 당 태종은 토번과의 화친을 목적으로 문성공주를 토번을 통일한 군주 송찬간포의 왕비로 시집보냈습니다. 역사는 흘러 1949년 중국을 통일한 공산정권은 티베트를 침공하여 1951년 강제로 병합했습니다. 이젠 중국의 각종 정책으로 티베트가 중국화가 되어가고 있습니다.

또 다른 예로, 청나라는 400여 년 전 인구 50만 정도에 불과하던 여진족(오늘의 만주족)의 누르하치가 세운 나라입니다. 이 청나라는 무려 1억 5천여만 명의 한족(漢族)을 중국 왕조 역사상 최장기간인 296년간 통치하면서 가장 강력한 세계적인 대제국을 건설했습니다. 당시 GNP[27]는 전 세계의 약 30%를 산출했습니다. 한족이 세운 명나라 시대에는 400만㎢에 불과하던 강역(疆域)이 이민족이 세운 청나라 시대엔 몽골·위구르·티베트·대만 등 주변국을 무차별 정복하여 한때는 1,300만㎢까지 이르렀습니다. 그 이후 현재의 960만㎢로 줄어들긴 했으나 그래도 명나라 시대에 비하면 강역이 무려 1.5배 가까이 확장된 셈입니다. 그 만주족이 오늘날엔 중국의 변방 만주 지역에서 인구 1,000만 정도에 불과한 소수민족으로 생존하고 있습니다.

27　GNP(Gross National Product, 국민총생산): 일정 기간 동안 한 나라의 국민이 국내외에서 새롭게 생산한 재화와 용역의 부가가치 또는 최종재의 값을 화폐 단위로 합산한 것.

5. 4차 산업혁명 시대, 과학기술 패권을 가진 나라가 세계를 지배할 수 있다!

고대 로마제국은 BC 2~3세기경 포에니 전쟁에서의 승리로 세계의 패권을 장악하였습니다. 그 당시에는 로마제국이 과학기술 패권으로 세계의 패권국가가 된 것은 아닙니다. 그러나 1880~1890년대 영국은 산업혁명[28]의 결과 전 세계 영토의 4분의 1, 전 세계 인구의 5분의 1을 식민지화하여 5대양 6대주에 '해가 지지 않는 나라'라는 대제국을 건설하여 패권국가가 되었습니다. 이 무렵부터 **과학기술 패권을 가진 나라가 세계를 지배할 수 있다**'는 패권의 원리가 생긴 것 같습니다.

지금 세계 여러 나라는 4차 산업혁명에 의한 혁신적인 변화 추구, 지구촌 환경개선, 첨단무기 개발 경쟁 등에서부터 우주 경쟁에 이르기까지 과학기술 패권주의를 지향하고 있습니다. 오늘날 **4차 산업혁명 시대**의 치열한 국제경쟁에서 우리나라가 낙오되지 않기 위해서는 끊임없이 기술혁신 및 첨단 과학기술을 개발해야 하겠습니다. 또한 우리나라의 지속적인 발전을 위해서는 전 국민이 힘과 지혜를 모아 **국민통합·국가발전**을 위해 매진해야 합니다.

---

28 산업혁명(Industrial Revolution): 18세기 후반부터 약 100년 동안 유럽에서 일어난 생산 기술과 그에 따른 사회 조직의 큰 변화. 당시 영국에서 시작된 기술혁신에 의하여 일어난 사회, 경제 구조상의 일대 변혁을 뜻한다. 산업혁명은 영국에서 일어난 방적기계의 개량이 발단이 되어 1760~1840년에 유럽 여러 나라에서 계속 일어났다. 19세기 중엽까지는 프랑스·독일·미국 등으로 확대되었다. 19세기 말에는 러시아·일본 등에도 산업혁명의 영향력이 확대되었다. 산업혁명은 프랑스혁명과 더불어 유럽의 근대사회 성립에 가장 결정적인 영향을 끼친 사건이었다.

6. 지구촌의 후발국들, 그들은 우리를 추월할 수도 있습니다.

지금 우리 한반도를 둘러싼 국제정세·이념분쟁·경제위기·잠재장력의 하락 등은 가히 퍼펙트스톰(Perfect Storm)[29]이라 해도 지나치지 않을 정도입니다. 지구촌의 후발국들. 그들은 넓은 국토, 풍부한 천연자원, 성장잠재력, 후발국의 이점 등 우리보다 우월한 여러 조건을 갖추고 있어 언젠가는 우리를 추월할 수도 있습니다. 새마을운동중앙연수원에는 지난날 우리 고도성장의 노하우를 배우기 위해 세계 각국에서 찾아온 연수생들이 가득합니다. 그들이 우리의 노하우를 열심히 배우고 돌아가서 저력과 정신력을 발휘한다면 또한 우리를 추월할 수도 있습니다. 우리나라가 패스트 팔로워(Fast Follower)[30]에 머물러서는 안 됩니다. 후발자의 추월을 허용치 않고 우월적 지위를 견지해 가는 퍼스트 무버(First Mover)[31]가 되어야 합니다.

---

29 퍼펙트 스톰(Perfect Storm): 두 가지 이상의 악재가 동시에 발생하여 경제위기가 초래되는 상황을 일컫는 말. 원래는 둘 이상의 태풍이 충돌하여 그 영향력이 더욱 커지는 기후현상을 나타내는 말.

30 패스트 팔로워(Fast Follower): 빠른 추격자, 빠른 추종자. 새로운 제품이나 기술을 빠르게 쫓아가는 전략 또는 기업을 의미함.

31 퍼스트 무버(First Mover): 새로운 분야를 개척하는 선도자. 패스트 팔로워(Fast Follower)와 달리 산업의 변화를 주도하고 새로운 분야를 개척하는 창의적인 선도자를 말함.

사랑하는 청소년 여러분에게 다음의 **청소년 생활윤리**를 권장합니다.

여러분이 현재의 학생 신분으로는 물론 장차 사회인이 되어서도 올바른 민주 시민으로 살아가기 위해 명심해야 할 사항, 실천해야 할 사항을 정성껏 만들어 **청소년 생활윤리**라고 이름 붙였습니다.

이를 숙지하고 실천하게 되면 긍정적인 마인드와 미래지향적인 가치관, 용기와 희망, 자신감이 생기고 학습능률이 오를 것입니다. 또한 올바른 인성을 형성하는 데도 큰 도움이 될 것입니다.

1. 어려운 친구에게 먼저 다가가 따뜻한 마음을 베풉시다.

결손가정, 소년소녀가정, 다문화가정처럼 어렵고 외로운 친구들, 어쩌다 잠시 일탈한 친구들을 외면하거나 왕따시키지 말고 먼저 다가가 따뜻한 마음을 베풀어야 하겠습니다. 그 친구들은 여러분의 **따뜻한 마음**에 용기를 얻어 열심히 살아가면서 여러분을 고맙게 생각하거나 평생 은인으로 생각하게 될 것입니다. 여러분의 이러한 선행이 살기 좋은 세상을 만듭니다.

2. 친구가 다가와 따뜻한 마음을 베풀 때 본연의 자세로 돌아갑시다.

어쩌다 일탈한 경우에, 친구가 다가와 따뜻한 마음을 베풀 때 **고마운 마음으로 받아들여** 속히 본연의 자세로 돌아갑시다. 이렇게 좋은 기회, 좋은 친구는 좀처럼 만나기 어렵습니다.

3. 더 친한 사람을 두둔하는 편견·편파적 태도는 금물입니다.

여러분과 친한 사람이 다른 사람과 다툴 경우, 냉철하고 중립적인 자세로 다툼을 중재해야 합니다. 여러분과 친한 사람을 두둔하는 **편견·편파적 태도는 금물입니다.** 이는 다툼을 중재하기는 고사하고 오히려 상대방에게 상처를 주게 되고 분노를 촉발시킴으로써 다툼이 격화될 수 있습니다.

4. 진정한 의리란?

여러분과 친한 사람을 두둔해서 상대방을 제압한다면 어떤 분들은 여러분을 "의리가 있다"고 말합니다. 그러나 이러한 판단은 '의리'란 참뜻을 크게 곡해한 현상으로 이는 사라져야 합니다. 친한 사람을 두둔할 경우 그의 가치판단이 흐려지거나 교만해질 수도 있습니다.

모든 일은 개인적인 친소관계·지연·학연·혈연을 배제하여 냉철하고 중립적인 자세로 양자의 관계를 조정해야 억울한 사람이 생기지 않고 정의롭고 공정한 사회가 이루어집니다. 이러한 자세를 취할 때 **'진정한 의리'**라고 하겠습니다.

5. 역사책·역사 관련 서적·위인전을 읽읍시다.

사고력과 통찰력, 상상력 및 창의력, **높은 식견과 안목**을 갖게 될 것입니다.

6. 무술 한 가지쯤 익혀 두는 것도 좋겠습니다.

집중력과 침착성, 자신감을 길러줄 것입니다. 도덕성·정의감 함양 등 **정신력 강화**에도 도움이 되고 긍정적인 사고방식을 갖게 될 것입니다.

7. 글로벌 시대에 영어 하나만이라도 능통하게

글로벌 시대, 4차 산업혁명 시대가 가속화되고 있으므로 영어 하나만이라도 능통하게, 또 몇 개국의 역사·문화 등을 익혀 두기 바랍니다. **불시에 절실하게 필요한 경우가 생길 수 있습니다.**

8. 충실한 학교생활은 여러분 평생의 가장 중요한 무형자산입니다.

학교생활을 통해 스승님한테서 배우고 잘못을 저질렀을 땐 주의 말씀을 듣는 가운데 여러분이 올바르게 성장하여 훌륭한 인재가 될 수 있습니다. 올바른 인성을 가진 친구도 많이 사귀어야 합니다. 스승님의 가르침과 좋은 친구를 사귀는 일은 여러분의 인생에서 가장 중요한 **무형자산**[32]입니다. 건물의 기초공사가 부실하면 건물이 무너질 수 있듯이, **인생의 기초공사**는 충실한 학교생활입니다. 성적의 우열과 관계없이 학교생활에 충실해야 하겠습니다.

---

32 무형자산: 오랜 기간 사용 가치를 지니면서도 구체적인 형태가 없는 자산. 특허권, 저작권, 영업권 등이 이에 해당한다. 반면에 고정자산 가운데 구체적인 형태가 있는 것. 토지, 건물, 차량, 공장, 기계 등은 유형자산이라고 한다.

9. 적성·재능·소질을 살립시다. 지금은 다양화 시대입니다.

학업성적은 다소 부진하더라도 적성·재능·소질 중 한 가지라도 자신감이 있다고 생각될 경우, 우선 스승님과 상의해 보는 것이 좋은 방법일 것입니다. 요즘은 여러분에게 **잠재된 상상력·사고력·창의력 등을 일깨워** 커다란 가치를 창출해 낼 수도 있는 다양화 시대이기 때문입니다. 개개인마다 학교 성적·적성·재능·소질에 차이가 날 수 있습니다.

10. 어려운 일, 고민이 있으면 스승님께 털어놓고 얘기합시다.

제자를 도와주려고 **최선을** 다하실 것입니다.

11. 부단한 자기개발·반복학습을 통해 좋은 결과를 얻도록 노력합시다.

어려운 일이라도 부단한 자기개발·반복학습을 통해 익숙해지면 학습능률·학업성적이 향상됩니다. "반복학습이 기적을 만든다"라는 말이 있습니다. 좌절하거나 포기하지 않고 부단한 노력을 통해 좋은 결과를 얻도록 노력해야 하겠습니다.

12. 진로 선택 또는 직업 선택 시 참고사항

하버드대학교 하워드 가드너(Howard Gardner, 1943~) 교육심리학 교수가 제창한 바에 의하면 인간은 누구나 다음의 8개 지능 중 3개 분야에서 우수성을 지니고 있다고 합니다. 이 3개 지능 분야에서 직업을 갖는다면 누구나 행복하고 성공한 인생을 살 수 있다는 주장입니다.

지금까지는 IQ(지능지수)에서 EQ(감성지수)로, EQ에서 SQ(사회성지수)

로 인간의 우수성을 비교하였지만, 이제는 누구나 공히 3개 지능에서 우수성을 나타낼 수 있다고 합니다. 이러한 이론이 이제는 널리 받아들여지고 있으므로 **자기의 우수한 분야를 찾아 그 길로 매진**하기를 권장합니다.

8개 지능은 다음과 같습니다.

① 언어지능 ② 음악지능 ③ 논리·수학지능 ④ 공간지능 ⑤ 신체·운동지능 ⑥ 인간친화지능 ⑦ 자기성찰지능 ⑧ 자연친화지능

13. 입은 은혜를 저버려서는 안 됩니다.

"원한은 기억할 필요가 없으나, 은혜는 잊어서는 안 된다" "은혜를 저버린 사람은 다른 사람한테서 버림받는다"라는 말이 있습니다. 은혜를 입은 사람들 대부분은 **보답하고 싶은 마음**을 가지고 있다고 합니다.

14. 이웃 사랑, 나라 사랑하는 마음은 전 국민 최고의 덕목

어려운 이웃을 보살피고 나라를 사랑하는 마음은 전 국민 최고의 덕목으로 **국민통합·국가발전**으로 가는 길이 되겠습니다.

온 국민이 다 함께 '학교폭력' 영원히 추방합시다!!!
'학교폭력' 어떤 이유로도 용납될 수 없습니다.

학교폭력 추방 캠페인에 뜻을 같이하는 모든 분들과 함께 학교폭력에 의해 희생된 **고 최성철** 씨의 명복을 빕니다. 근심·걱정 없는 하늘나라에서 영원한 안식을 취하십시오. 하느님의 가호가 있으시기를 기원합니다.

유가족분들께서도 슬픔을 딛고 일어나셔서 열심히 살아가시기를 기원합니다.

– 다음은 여러 언론에 보도된 기사 중 세계일보에 보도된 기사입니다.

학폭으로 얻은 장애에도 복지사 꿈꿔온 30대···
5명에게 새 삶

세계일보 박윤희 기자 2024.04.25.

학교폭력으로 인한 정신적 장애를 겪으면서도 굴하지 않고 사회복지사를 꿈꿔오던 최성철 씨(37)가 5명에게 새 삶을 선물하고 하늘의 별이 됐다.

뇌사장기기증으로 5명을 살리고 하늘의 별이 된 최성철 씨의 생전 모습. ⓒ 한국장기조직기증원 제공

한국장기조직기증원은 "지난 2일 강동성심병원에서 최성철 씨가 뇌사장기기증으로 5명의 생명을 살리고 하늘로 떠났다"고 25일 밝혔다.

앞서 지난달 21일 최 씨는 가족 여행을 앞두고 있던 저녁 갑자기 의식을 잃고 쓰러졌다. 급히 병원으로 이송돼 의료진의 치료를 받았지만 결국 의식을 회복하지 못하고 회생 가능성이 없는 뇌사상태에 빠졌다.

가족들은 최 씨가 고등학생 시절 학교폭력으로 정신질환이 생겨 장애 2급 판정을 받은 후 자유로운 활동을 못 한 것이 늘 마음에 쓰였다. 그래서 장기기증을 통해 다른 생명에 가서 새로운 것을 보고 밝은 세상을 바라볼 수 있길 바라는 마음으로 기증에 동의했다. 최 씨의 뇌사장기기증으로 신장(좌, 우), 간장, 안구(좌, 우)가 기증됨에 따라 5명의 생명을 살릴 수 있었다.

서울에서 2남 중 장남으로 태어난 최 씨는 밝고 활발했으며 남을 돕는 따뜻한 성격을 가졌다. 매사에 포기하지 않고 노력하며 타인을 위해 활동하는 사회복지사가 되고 싶어 했다. 최 씨의 어머니 김정숙 씨는 "성철아, 생전에 못 한 거 하늘나라에 가서 뭐든지 다 하길 바라. 편히 잘 쉬고, 남에게 도움이 되는 사람으로 기억되어 떠나서 고마워. 내 아들 사랑한다. 성철아, 사랑한다"고 말하며 뜨거운 눈물을 흘렸다.

변효순 한국장기조직기증원 원장 직무 대행은 "생명나눔을 실천한 기증자께서 삶의 끝이 아닌 또 다른 생명의 시작점에서 밝은 세상을 함께 하길 희망한다"며 "기증자와 기증자 유가족의 이러한 따뜻한 마음을 잘 전달할 수 있도록 계속 노력하겠다"고 전했다.

contents
차례

1장_ 훌륭한 인성, 선행과 미담

2장_ 한계를 극복한 인간승리의 주인공들

4장_ 세계를 무대로! 무대를 품 안에!

5장_ 숭고한 희생정신 잊지 말아야

훌륭한 인성, 선행과 미담

"청소년기는 인성을 형성하는 데 매우 중요한 시기다" "올바른 인성을 형성하기 위해서는 좋은 책을 많이 읽는 것이 좋다"라는 말이 있습니다. 이 장 '훌륭한 인성, 선행과 미담'의 다양한 실제 사례와 '청소년 생활윤리'를 주의 깊게 읽어보기를 권합니다.

책을 여러분 가까이 두고 내용을 음미하면서 읽게 되면 청소년기의 올바른 인성 형성에, 사고력과 이해력 증진에, 학습능률·학업성적 향상에, 훌륭한 인재로 성장하는 데 큰 도움이 될 것입니다. 폭넓은 식견과 안목을 갖는 데도 도움이 될 것입니다.

무슨 일이든지 노력 없이 또 갑자기 이루어지는 일은 없습니다. 모든 일은 꾸준한 반복 학습, 강한 의지와 노력을 통해 점점 익숙해지고 습관화되어 좋은 결실을 볼 수 있습니다. 학습능률·학업성적도 꾸준한 반복 학습을 통해 향상됩니다. **"반복 학습이 기적을 만든다"**라는 말이 있습니다.

이 책의 전편(全篇)에 소개된 많은 분들의 훌륭한 인성, 선행과 미담, 인간 승리의 감동 실화, 지식과 지혜, 창의력 등이 미래를 열어 갈 청소년 여러분에게 인격 형성의 모태가 되거나, 새로운 시각을 갖게 하거나, 동기부여가 되거나, 아이디어 또는 영감을 얻게 하거나, 문제 해결의 실마리가 될 것입니다. 이는 곧 새로운 변화와 발전의 계기가 된다는 의미입니다. 인생의 행복과 성공을 향해 나아가는 길, 목표를 향해 가는 길에는 공짜가 없습니다. 강한 의지와 노력, 끈질긴 집념과 인내가 필요합니다.

사랑하는 청소년 여러분! 1장 '훌륭한 인성, 선행과 미담' 및 '청소년 생활지침'을 바탕으로 건강하고 올바르게 성장하여 훌륭한 인재가 되기를 바랍니다.

1

"청춘들 밥 먹이는 일이라면"…
신부의 곳간이 비자, 승려가 쌀을 내밀었다

한국일보 이유진 기자 2024.01.01.

밥으로 뭉친 동갑내기 승려·신부의 의기투합

3,000원 한 끼 제공하는 이문수 신부의 식당

고물가로 어려움 겪자 각밀 스님이 쌀 보태

종교 뛰어넘은 우정…"편견 없는 공감 있다면"

"배고픈 청년들 밥 먹이는 일이잖아요. 종교가 다르다고 해서 주저할 이유가 없습니다."

회색 승복의 스님과 로만 칼라 차림의 신부님. 서로 다른 종교에 몸담은 마흔아홉 동갑내기 성직자 두 사람이 의기투합했

흥천사 주지 각밀(왼쪽) 스님과 이문수 가브리엘 신부가 지난달 26일 서울 성북구 대한불교조계종 흥천사에서 본보 인터뷰 전 걸으며 대화하고 있다. ⓒ 윤서영 인턴기자

다. 신부와 승려가 손을 맞잡고 한데 뭉친 과업은 바로 굶주린 청춘들에게 밥을 먹이는 일. '밥심'을 에너지 삼아, 종교를 초월한 우정을 나

누는 두 사람은 이문수 가브리엘(49) 신부와 각밀(49) 흥천사 주지다.

3,000원에 밥·반찬 무한 리필

지난달 28일 찾은 서울 성북구 식당 '문간'의 모든 테이블에선 이미 김치찌개가 보글보글 끓고 있었다. 손님 대부분은 앳된 얼굴의 청년들. 라면사리를 건져 먹던 김동완(19) 군은 "음식도 맛있고 가게 분위기도 밝아서 좋다"며 "한 달에 최소 두세 번은 온다"며 엄지를 척 들어 보였다. 김군의 친구도 연신 "맛있다"고 외치며 셀프바를 몇 번이고 오갔다.

김치찌개값은 단돈 3,000원이다. 편의점 도시락 하나 값도 안 되는 가격에 청년들이 더운 음식을 배불리 먹는 그 모습을, 덩치 큰 중년 남자가 흐뭇하게 바라보고 있다. 바로 식당 사장님인 이문수 신부다.

이문수 가브리엘 신부가 지난달 26일 서울 성북구 대한불교조계종 흥천사에서 본보 기자와 인터뷰하고 있다. ⓒ 윤서영 인턴기자

기도하던 성직자가 밥주걱을 든 계기는 한 사건 때문이다. 2015년 여름 서울 고시원에 살던 한 청년이 굶주림 끝에 세상을 떠났다. 젊은이가 '밥을 먹지 못해' 세상을 떠났다는 소식은 이 신부에게 큰 충격을 줬다. 그때부터 청년들의 끼니를 챙기는 일에 몸을 던지며, 2017년 겨울 사회적 협동조합인 '청년밥상 문간'을 시작했다.

이 식당의 유일한 메뉴인 김치찌개엔 두부와 고기가 넉넉하게 들어갈뿐더러, 뭐니 뭐니 해도 밥과 반찬이 무한 리필이다. 식당 문을 연지 6년이 지났지만, 고물가 기사가 무색하게 처음 가격 3,000원을 그대로 받는다.

그러다 보니 운영은 점점 어려워졌다. 김치찌개 1인분의 원가는 최소 5,000원. 청년 한 사람이 올 때마다 2,000원 정도 적자를 내야 한다. 후원에 의존하다가 코로나 팬데믹 탓에 사정이 더 나빠졌다. 결국 2022년 4월 문간의 쌀통은 바닥을 드러냈고, 이 신부는 안타까운 마음에 이 소식을 사회관계망서비스(SNS)에 공유했다.

그때 스님이 손을 내밀었다

바로 그때 손을 내민 이가 각밀 스님이다. 각밀 스님이 주지인 흥천사(돈암동)는 문간 식당(정릉동) 인근에 자리 잡은 사찰이다. 당시 흥천사에서 보낸 10kg 쌀 열 포대(공깃밥 약 1,000인분) 덕에, 이 신부의 숨통이 트였단다.

도움을 준 각밀 스님에게도 이 신부는 고마운 은인이라고 한다. "종교가 '미래 세대'인 청년을 (이렇게) 도울 수 있을 거라곤 생각해본 적이 없었어요." 이제 막 사회에 나와 다른 세대보다 기회를 얻기 힘든 청년들만의 고충을 처음으로 알게 됐다고 한다.

각밀 스님이 생각하는 종교의 존재 이유는 '어려운 이들이 고통을 덜고 행복할 수 있게 돕는 것'이었다고 한다. 그래서 신부가 운영하는 식당을 돕는 일을 망설일 이유가 없었다고 한다. 그렇게 두 사람은 의기투합했고, 식당에 틈틈이 쌀 100~200㎏씩을 보냈다. 지난달 22일에는 동지 팥죽 100인분을 쒀 보내기도 했다.

그렇게, 밥을 매개로 두 성직자는 우정을 나누기 시작했다. 하도 드나들다 보니 이 신부에게도 흥천사는 친숙한 공간이 됐다. 각밀 스님도 "고기가 들어가지 않은 메뉴만 먹어 봤지만, 문간의 김치찌개는 최고"라고 자부한다. 1974년생 동갑내기인 두 사람은 향후 여행 계획을 함께 논할 정도로 친해졌다. 해외 건축에 관심이 많은 각밀 스님이 스페인 순례길 방문 의사를 밝히자, 이 신부가 "그러시다면 그 가이드는 제가 맡겠다"고 화답했다고 한다.

화합의 비결을 묻자 **'편견 없이 열린 태도'**라는 답이 돌아왔다. 청년들을 돕자는 신조 아래 머리를 맞댄 게 전부라고 했다. 이 신부가 말했다. "청년을 위한 문화행사를 기획하던 중 스님이 사찰에서 진행한 패션쇼 영상을 보여주셨어요. 여기서 착안한 '흥천사 청년영화제' 협업을 조심스레 제안했더니 흔쾌히 환영해 주셨죠. 스님은 그런 분입니다." 각밀 스님도 "(종교의) 차이에 집중하느라 본질을 망각하면 갈등과 배척 말고 남는 게 있겠느냐"며 화답했다.

두 사람의 목표는 '문간 같은 식당이 더는 필요 없는 세상'이다. 그러나 슬프게도 2023년 이 식당은 어느 때보다 더 붐볐다. 하루 평균 손님이 100여 명 정도였지만, 여름부터 그 수가 2배 이상 뛰었다. 흥천사에서 보내준 쌀은 열흘이면 동날 정도다. 이 신부는 "요즘 한 끼 식비가 1만 원이 넘다 보니 물가에 치인 청년들이 더 많이 찾는 것 같다"고 걱정했다.

새해에도 두 사람은 변함없이 청년들을 응원하겠다고 다짐했다. 이 신부가 "청년들이 마음의 여유를 잃지 않도록 문간이 곁을 지키겠다"고 하자, 옆에서 이를 듣던 각밀 스님도 "복을 지을 수 있는 기회가 주어진다는 것 자체가 행복이니, 뭐든 돕겠다"며 힘을 실었다.

젊은이들 밥을 챙기자며 뭉친 두 성직자. 부처님을 모시는 이와 하느님을 따르는 이의 우정은 그렇게 '리필'되고 있었다.

2

"유족에 용서 빌고 싶다는 사형수, 옥중시집 인세 보내"

동아일보 이진구 기자 2023.12.26.

'20여 년 사형수 교화' 안홍기 목사
"경범죄자 교정–교화 더 신경 써야
중범죄 악순환 고리 막을 수 있어"

"옥중에서 낸 시집 인세를 피해자 유가족에게 보내는 사형수도 있지요."

서울 영등포구 글로벌 찬양의 교회에서 21일 만난 안홍기 목사(66·법무부 교정위원·사진)는 "흔히 사형수 정도면 교화가 불가능하다고 생각하지만 다 그렇지는 않다"며 이렇게 말했다. 안 목사는 20여 년간 사형수 등 중범죄자 교화 사역을 해 '사형수, 조폭 교화 전문 목사'로 불린다.

— 같은 노력이라면 사형수 같은 중범죄자보다 죄가 가벼운 이들을 교화하는 게 더 효과적이지 않습니까.

"제 경험으로는 사형수나 10년, 20년씩 사는 중범죄자들이 오히려 쉬웠어요. 그 사람들은 체념하고 다 내려놓는 경우가 많거든요. 1, 2년 사는 사람들은 곧 나가니까 욕심도 버리지 못하고, 잘못을 인정하기보다는 '운이 없어서 잡혔다'고 생각하더라고요. 그러다 보니 교화가 쉽지 않아요."

— 오늘도 사형수를 만나고 오셨다고요.

"제가 사형수 8명을 교화 중이에요. 오늘 만난 사형수는 20여 년째 수감 중인데 옥중에서 시집을 내서 그 인세로 연락이 되는 피해자 유가족에게 얼마라도 보내줬어요. 용서도 빌고요. 물론 교화가 안 되는 사람도 당연히 있지요. 참회한다고 죽은 사람이 돌아오는 건 아니지만, 그래도 그런 모습을 보면서 유가족 마음의 응어리가 조금이라도 풀리지 않았을까요."

— 교정위원인데, 우리 교정 정책에 아쉬움이 많다고 했습니다.

"이름은 교정·교화 정책인데 실제로 그 역할은 거의 하지 못해요. 처음부터 중범죄자가 되는 게 아니에요. 작은 범죄로 들어왔을 때 제대로 교정·교화하면 악순환의 고리를 끊을 수 있거든요. 소년범은 특히 더 그렇고요. 그런데 교정위원인 저조차 하루 면담 시간이 10분밖에 안 돼요. 그 시간에 뭘 할 수 있겠어요. 교정 활동이 아니라 일반인 면회 개념으로 생각하는 거죠."

— 일각에서는 교정보다 처벌을 더 강화해야 한다고 합니다만….

"휴…. 교정·교화에 더 투자하고 노력하면 작은 범죄가 큰 범죄로 자라는 걸 차단할 수 있어요. 재범률도, 수도 줄겠죠. 그런데 근본적인 노력을 안 해 범죄를 키워놓고, 대책이라고 처벌을 강화하고 교도소를 더 짓고 각종 관리 장비와 인력을 늘리는 게 과연 합당한 방법이겠습니까? 저는 사형 집행을 하지 않아서 범죄가 더 흉악해져 간다고 생각하지 않아요. 사형 집행을 할 때도 흉악범죄는 있었으니까요. 우리가 생각을 바꿨으면 합니다."

3

전세사기 피해자들의
눈물을 닦아 준 판사

동아일보 유성열 사회부 차장 2024.02.24.

　지난달 24일 부산지법 동부지원 법정. 형사1단독 박주영 부장판사가 이른바 '무자본 갭투기'로 전세사기를 벌인 혐의를 받는 50대 여성 최모 씨에 대한 판결문을 읽기 시작했다. 최 씨는 오피스텔 등 건물 9채를 사들여 세입자 229명에게 보증금 180억 원을 받은 뒤 돌려주지 않은 혐의(사기 등)로 재판에 넘겨졌다.

박 판사는 먼저 "선고 내용이 길다"며 공지한 뒤 피해자 40여 명이 제출한 탄원서를 하나하나 요약해 읽어갔다. 40대 중반에 전세금을 마련해 독립했다가 돌려받지 못한 피해자는 "잘못한 게 없는데 잘못한 것 같다"고 자책했고, 결혼을 앞둔 피해자는 상견례 전날 파혼을 당했다. 부모님이 전세금에 보태라고 준 1,600만 원을 고스란히 날린 딸도 있었다. 박 판사가 탄원서를 읽는 동안 피해자들은 하나둘씩 눈물을 흘리기 시작했다.
　탄원서를 다 소개한 박 판사는 "이 사건의 주된 책임은 자기 능력으로 감당할 수 없을 정도로 임대사업을 벌인 피고인에게 있다"고 최 씨를 꾸짖으며 징역 15년을 선고했다. 검찰 구형보다 2년 더 많은 형이었다. 최 씨를 법정에서 내보낸 박 판사는 방청석에 앉아 있던 피해자들에게 "잠깐 할 말이 있으니 그대로 계셔 달라"며 이렇게 당부했다.

"절대로 여러분 자신을 원망하거나 자책하지 마십시오. 여러분은 그 누구보다 성실하게 살아가는, 우리 주변에서 흔히 마주치는 지극히 평범하고 아름다운 청년들입니다."

박 판사의 당부는 한동안 계속됐다. 박 판사는 "한 개인의 욕망과 탐욕을 적절히 제어하지 못한 부조리한 사회 시스템이 여러분과 같은 선량한 피해자를 만든 것"이라며 "결코 여러분이 뭔가 부족해서 피해를 당한 것이 아니라는 점을 반드시 기억해 달라"고 했다.

이어 "하루하루 견디기 힘든 나날이겠지만, 빛과 어둠이 교차하듯 암흑 같은 시절도 다 지나갈 것"이라며 "여러분의 마음가짐과 의지에 따라서는 이 시련이 여러분의 인생을 더욱더 빛나고 아름답게 만들어 줄 것이라 확신한다"고 덧붙였다.

엄중한 모습으로만 생각했던 판사의 위로와 당부에 법정은 눈물바다가 됐다. 재판이 끝나고 법정을 나서던 한 피해자는 "형량보다도, 우리의 잘못이 아니란 걸 인정받았다는 점이 큰 힘이 된다"고 했다. 박 판사의 진심 어린 위로와 당부가 피해자들이 눈물을 닦을 수 있는 힘이 돼 준 것이다.

박 판사는 지난해 12월 특수협박 혐의로 기소된 50대 노숙인에게 집행유예를 선고하면서 "건강을 챙기고 어머니 산소에 꼭 가보라"며 현금 10만 원과 중국 작가 위화의 대표작 '인생'을 선물하기도 했다. 보호관찰소가 재판부에 제출한 보고서에는 피고인이 평소 도서관에 들러 책을 읽는 게 취미라는 내용이 담겨 있었다고 한다.

법은 최소한의 도덕이다. 법과 판결이 도덕적일 필요는 없다. 법을 해석하고 사법적 판단을 내리는 법관이 감정과 도덕에 휘둘린다면 법적 안정성이 훼손될 수 있다. 하지만 법관은 범죄 피해자들이 가장 마지막으로 기대고 의지하는 버팀목이다. 가해자를 엄단하면서 피해자의 눈물을 닦아 주는 박 판사 같은 법관이 많아진다면, 사법부에 대한 국민의 신뢰는 훨씬 단단해질 것이다.

4

매달 월급 100만 원 떼어내
노숙인들 끼니 챙긴 경찰관

동아일보 최원영 기자 박경민 기자 2024.03.28.

영등포경찰서 이성우 경감

생활범죄 예방 차원 9년째 실천

25명 집 구해주고 월세 일부 지원

"노숙인들 착하게 살아 줘 보람"

"제게 노숙인은 형제나 마찬가지입니다. 경찰이기 이전에 한 인간으로서 동고동락을 실천하는 것뿐이에요."

서울 영등포경찰서 대림지구대 이성우 경감(56·사진)은 15일 이렇게 말했다. 그는 인근 노숙인들과 형제처럼 지낸다. 비번인 날에는 노숙인을 만나 끼니와 생활필수품을 챙겨주느라 월급의 3분의 1(약 100만 원)가량을 쓰고, 지낼 곳이 마땅치 않은 이들에겐 보증금이 없는 셋방을 알아봐 준다. 이렇게 지낸 지 올해로 9년째다.

이 경감은 1992년 경찰이 된 후 일선 지구대와 파출소에서 주로 근무하며 노숙인이 얽힌 사건·사고를 자주 접했다. 주로 절도 등 생계형 범죄였다. 그는 '노숙인도 당장 굶주림과 추위를 피할 수 있다면 범죄로부터 멀어질 수 있지 않을까'라고 생각하던 차에 2016년경 서울 동작경찰서 노량진지구대로 배속됐고 관내 지하철역 등에 모여 사는 노숙인에게 말을 걸기 시작했다.

노숙인을 도울 땐 늘 "받은 만큼 베풀고 자립해 달라"고 당부하는 게 이 경감의 습관이다. 이를 실천하는 노숙인도 생겨나고 있다. 노숙인이었던 김광훈(가명·47) 씨가 그중 한 명이다. 김 씨는 알코올의존증을 이겨내고 인근 주민센터에서 공공근로에 참여하며 생계를 스스로 책임지고 있을 뿐 아니라, 최근엔 나이 든 노숙인에게 밥값을 주기까지 한다. 그는 "경찰관님(이 경감)을 일주일에 2, 3차례 꾸준히 만나며 힘을 얻었다. 나도 생활이 더 좋아지면 주변을 도우며 살고 싶다"고 했다.

이 경감은 사회복지사의 도움을 얻어 지난 8년간 노숙인 25명에게 거처를 구해주기도 했다. 지난달 말에도 교도소에서 출소한 한 정신질환자 노숙인 남성(60)의 집을 구해줬다. 이 경감의 선행을 아는 집주인으로부터 보증금 없는 다세대주택을 구해준 것. 몇 해 전까진 월세도 대신 내주는 경우가 있었지만, 지금은 상시로 교류하는 노숙인이 15명으로 늘어 월세 지원은 어려워졌다. 그 대신 한때 노숙인이었던 이들이 새로운 생활에 잘 적응할 수 있도록 집에 찾아가 밥을 차려주거나 중고 가전제품을 얻어주고 있다.

그는 2020년 60대 어머니가 지병으로 숨지자 발달장애 30대 아들이 노숙을 시작한 이른바 '방배동 모자' 사건 당시 비번인데도 출동해 이들을 발견한 경찰관이기도 하다. 이후 이 경감은 소외 계층을 더 전문적으로 도울 방법을 찾다가 사회복지사와 장애인활동지원사 자격증도 취득했다.

아내와 딸이 있는 가장이기도 한 이 경감은 "(노숙인에게 주는 돈은) 내 형편에도 적은 돈은 아니지만 그만한 보람이 있다"며 "노숙인이 범죄를 저지르지 않고 선하게 살아가는 모습을 보면 뿌듯하다"고 말했다.

5

더도 말고 덜도 말고
태권도장만 같아라

동아일보 황규인 스포츠부 차장 2024.03.06.

올해 초등학교 1학년이 된 아들을 둔 워킹맘 A 씨. 입학을 코앞에 두고 청천벽력 같은 소식을 들었다. 학교 시설 공사로 입학이 2주 미뤄진 것. '돌봄 공백'과 마주한 A 씨는 휴가를 내야 하나, 친정어머니 손을 빌려야 하나 전전긍긍했다. A 씨를 구원한 건 태권도장이었다. 태권도장이 종일반을 운영하기로 하면서 동네 학부모들 숨통을 터준 것이다.

태권도장은 현존 최고 맞춤형 돌봄 센터다. 시작은 '하교 서비스'다. 필요에 따라 다음 학원으로 인계하는 '셔틀 서비스'도 제공한다. 도장에 머무는 동안에는 태권도뿐 아니라 요즘 초등학교 필수 종목인 줄넘기는 기본이고 축구, 피구 같은 구기 종목도 가르친다. '태권도장 겨울 캠프 때 스키를 처음 타 봤다'는 아이도 적지 않다. 태권도장은 학교 체육 실기시험은 기본이고 학예회 준비도 돕는다.

태권도장 이름은 '지역명+관장 졸업 대학명+효(孝)+태권도' 구조인 경우가 많다. 실제로 이 이름에 정말 충실하다. 태권도장은 '자립심을 길러준다'면서 도장에 다니지 않는 아이들까지 불러다 주말 합숙 프로그램을 마련하기도 한다. 합숙을 마친 저학년 아이들은 부모와 만나자마자 눈물을 터뜨리기 일쑤다. 효심이 깊어진 건 물론 고학년 형·누나들과 하룻밤을 함께 보낸 것만으로 '내 고집대로만 했다가는 큰코다치게 된다'는 사실까지 터득했기 때문이다. 이보다 좋은 '인성교육'이 또 있을까.

말하자면 태권도장이 있기에 대한민국 출산율이 그나마 아예 제로(0)가 되지는 않는 것이다. 태권도장만큼 한국의 여성 경제참가율을 끌어올리는 업종도 없다. 아이 넷을 키우는 B 씨는 "회사에 있을 때 남편보다 (아이들과 더 가까이에 있는) 태권도 관장님과 더 자주 통화하는 것 같다"고 말했다.

교육부는 이번 학기부터 초등학생이 오후 8시까지 학교에 머물 수 있도록 하는 '늘봄학교'를 도입했다. 문화체육관광부도 늘봄학교에 참여하는 1학년에게 문화예술·체육 프로그램을 제공한다. 문체부가 마련한 프로그램을 훑어보며 초등학교 1학년 학부모로서 '몰라도 이렇게 모를 수 있나' 하는 생각부터 들었다. 60·70대 '이야기할머니' 이야기에 만 6세 아이들이 귀를 기울일 거라고 정말 믿는다면 순진해도 너무 순진한 거다.

태권도장은 되는데 관제(官製) 돌봄 프로그램은 왜 안 될까. 이 저출산 시대에도 아이를 낳기로 결심한 이들 대부분은 아이를 얼른 키워버리고 싶은 마음이 아니기 때문이다. 우리는 아이들과 함께 살고 싶다. 저녁은 언제든 아이들과 함께 먹을 수 있는 세상에서 살고 싶다.

　정부는 이 문제는 내버려두고 '퍼블릭 케어(public care)'만 강조한다. 부모의 역할을 국가가 대신해줄 수 있다고 믿는 건 오만이다. 그러니 관제 돌봄을 '남의 것'으로 느끼는 부모가 많을 수밖에 없다. 늘봄학교 이전 버전인 돌봄학교 참여율은 지난해 기준 11.5%에 그쳤다. 정부가 늘봄학교를 성공시키고 싶다면 제발 '태권도장은 어떻게 한국뿐 아니라 미국, 유럽, 대만 등에서도 돌봄의 끝판왕이 되었나'부터 연구해 보시라.

6

요즘은 '인성 검사'가 입사 좌우…
블라인드 채용에는 더 중요

한국경제 이완 잡플렛 대표 2020.04.06.

인성 검사 이렇게 준비하라

인터넷서 미리 테스트해 봐라

응시 전 컨디션 조절이 중요

기분 좋으면 점수 더 나와

솔직하라, 면접관에겐 보인다

평소 약점 스스로 고쳐라

'세 살 버릇이 취업을 좌우한다?'

과거에는 몰라도 요즘 취업시장에는 맞는 말이다. 기업이 인재를 뽑을 때 가장 중요하게 보는 것은 '인성'이다. 주요 기업들이 직무중심으로 채용하고 있지만, 최종 당락을 좌우하는 것은 '인성'이라고 말하는 취업 전문가들이 많다. 능력은 입사 후에도 키울 수 있지만 인성은 쉽게 변하지 않기 때문이다.

한 대기업 인사 담당자는 "인성이 좋지 않은 직원 한 명은 그 팀 전체의 효율성에 큰 영향을 미친다"며 "학점이나 역량이 뛰어나도 인성 검사에서 탈락하면 입사하기 힘들다"고 말했다.

"인성검사가 이젠 채용의 핵심"

인성은 잘 변하지 않고, 조직 전체에 영향을 줄 수도 있는 만큼 기업들은 채용 과정에서 지원자의 인성을 파악하는 데 주력한다. 그래서 도입된 것이 채용 인성검사다. 한국 100대 기업을 기준으로 99개사가 채용 때 인성검사를 실시하는 것도 이 때문이다.

일반적으로 채용 인성검사는 필기시험 단계에서 적성검사(공기업은 NCS)와 함께 실시한다. 기업들은 인성검사 점수와 적성검사 점수를 합산해 필기 합격자를 선별하기보다는 대부분 인성검사를 '허들'로 활용한다. 인성검사를 통과한 지원자만 따로 추린 다음 적성검사 성적 순서로 필기시험 합격자를 선발하는 게 보통이다.

최근 공채보다는 수시 모집으로 신입사원을 채용하는 기업이 많아졌다. 공채와 달리 수시 모집에서는 적성검사를 제외하고 인성검사만 하는 경우가 많다. 상대적으로 공채보다는 수시 모집에서 인성검사가 더욱 중요하다고 할 수 있다. 적성검사 점수가 만점이 나와도 인성검사에 탈락하면 필기를 통과할 수 없기 때문이다.

공기업의 채용공고를 보면 인성검사를 적부 판단으로 활용한다는 표현이 많이 등장한다. 적부 판단이라는 표현이 바로 허들식 활용을 말하는 것이다. 또 최근 주요 기업들은 인성검사 결과를 면접 때 활용하기도 한다. 특히 공기업처럼 블라인드 채용을 하는 경우 면접에서 스펙과 같은 객관적인 데이터를 볼 수 없기 때문에 인성검사를 더욱 더 비중 있게 활용하고 있다.

취업 준비생으로선 인성검사 관련 정보가 많지 않아 준비하는 데 애를 먹는다. MBTI나 MMPI와 같은 잘 알려진 인성검사로 대비하는 경우도 있다. 하지만 채용 인성검사는 일반 인성검사와 다른 점이 많다. 채용 과정에서 실시하는 인성검사는 지원자가 합격하고 싶어서 보이는 '과장반응'을 선별하는 게 중요한 기능이다. 이 때문에 일반 인성검사에 없는 다양한 장치를 가지고 있다.

인성검사도 대비할 수 있을까?

인성검사는 크게 다섯 가지 단계로 준비할 수 있다. 일단 평상시에는 채용 인성검사를 미리 경험해 보면 좋다. 정신병원이나 상담센터에 있는 일반적인 인성검사가 아닌 채용에서 활용하는 인성검사를 해보면 나와 맞는 기업도 대략적으로 파악할 수 있다. 최근 몇몇 사이트에서도 인성검사를 하고 있다.

시험 응시 바로 전에는 컨디션 조절이 중요하다. 다양한 심리검사 중 가장 컨디션의 영향을 많이 받는 검사가 인성검사다. 똑같은 인성검사라도 기분 좋을 때 응시하면 좀 더 좋은 점수가 나온다. 응시할 때는 솔직하게 하는 것이 중요하다. 채용 인성검사의 결과 제일 앞에 신뢰도라는 항목이 있다. 이는 검사를 얼마나 솔직하게 응시했는지를 평가하는 항목으로 과장 반응으로 응시하면 과락으로 탈락할 수 있다. 신뢰도에 문제가 있어 탈락하는 경우가 보통 인성검사 전체 탈락자 중 적게는 10%, 많게는 30%까지 차지하고 있기 때문에 솔직하게 하는 것 자체가 인성검사 합격에 중요한 요소라고 할 수 있다.

만약 자신이 지원한 기업의 필기에서 적성검사를 아주 잘 본 것 같은데 탈락한 경우는 인성검사 때문에 탈락했을 확률이 높다. 이 경우 이 기업은 자신과 잘 맞는 기업이 아닐 확률이 높다. 인성은 잘 변화하지도 않으므로 다음에는 다른 기업 중심으로 준비하는 것도 좋다.

필기 통과 시 면접 장면에서도 준비할 것이 있다. 대부분 인성검사 결과 중 낮게 나온 요인은 면접관들이 실제 어느 정도 낮은지를 다시 질문을 통해 확인하고 이를 면접 점수에 반영한다. 그러므로 인성 요인 중 자신이 약하다고 생각하는 부분은 미리 이를 만회할 수 있는 방법 등을 고민하고 면접에 임하면 좋다. 미리 모의 인성검사 테스트를 한 경우 결과지 점수 중 가장 낮게 나온 요인 중심으로 답변을 준비하는 것이 좋다.

인성검사는 공부를 한다고 성적이 오르지는 않지만 위 다섯 가지 정도만 잘 기억해도 취업 준비할 때 큰 도움이 된다.

7

대입서 가장 중요한 것은…
6년 만에 '인성'이 '수능' 앞섰다

연합뉴스 김수현 기자 2024.01.17.

'○○○ 아들 학폭'·교권침해 논란에 '인성'이 중요하단 응답자 많아져
성인 절반은 학생들 인성에 "부정적이다" 평가
학생 삶의 질, 5점 만점에 2.8점…학교 올라갈수록 하락

우리나라 성인들은 대입 전형 요소 가운데 '인성'을 가장 중시하는 것으로 조사됐다.

이전에는 '수능 점수'를 가장 우선해야 한다는 성인이 많았다. 하지만 지난해 ○○○ 변호사 자녀의 학교폭력 논란과 교권 침해 문제 등이 불거지면서 인성을 중요시하는 경향이 강해진 것으로 보인다.

초·중·고교 학생들의 인성 수준에 대해 응답자들의 절반 가까이는 '부정적'이라고 평가했다. 10명 중 6명은 교권 침해와 학교폭력이 심각하다고 답했다.

한국교육개발원은 이런 내용이 담긴 '교육 여론조사(KEDI POLL 2023)'를 17일 공개했다. 이 조사는 한국교육개발원이 1999년부터 우리나라 교육과 교육 정책에 대한 국민들의 인식을 알아보기 위해 매년 시행해 온 조사다. 지난해 조사에는 작년 7월 31일부터 8월 17일까지 만 19세 이상 75세 미만의 전국 성인남녀 4천 명이 참여했다.

대입서 수능 중요도 3위…대신 '인성'이 1위로 올라

대입 전형에서 가장 많이 반영돼야 할 사항으로 성인 남녀들은 '인성 및 봉사활동'(27.8%)을 가장 많이 꼽았다.

그 뒤를 '특기·적성'(26.0%), '수능'(25.4%), '고교내신 성적'(18.7%) 순으로 이었다.

'수능'은 2018년부터 2022년까지 매년 1위로 뽑혔으나 6년 만에 1위 자리를 내줬다.

'인성 및 봉사활동'이 1위로 선정된 것은 2014년 이후 9년 만이다.

(이하 생략)

8

영화 〈부활〉 구수환 감독
"이태석 정신=인성교육의 지침서"

스포츠동아 이슬비 동아닷컴 기자 2024.01.09.

구수환 감독이 지난 연말 전남 장흥군, 광주광역시에서 2박 3일간 릴레이 강연을 펼쳤다. 장흥중, 장흥향원중, 전남여고, 설원여고로 이어진 이번 강연은 1회성 행사가 아니라 '이태석 신부 알아가기'의 일환으로 수업이 진행됐다. 입시 교육에 빠져있는 현실에서 주목할 만한 변화다.

강연의 주제는 이타심과 공감 능력으로 행복하고 존경받는 삶을 살아가는 비결이다.

수업은 영화 〈울지마 톤즈〉, 〈부활〉을 시청하고 책 《우리는 이태석입니다》를 읽고 느낀 점을 발표한 다음 마지막으로 영화와 책의 저자인 구수환 감독을 만나는 것으로 진행된다.

이태석 신부의 감동적인 삶을 분석하는 강연이다 보니 학생들의 반응은 대단했다. 남도 끝자락 장흥군에 있는 향원 중학교는 학생 수가

220명의 작은 학교다. 교문에는 행사 일주일 전부터 구수환 감독의 강연을 알리는 플래카드가 걸려 있고 학생들의 사전 질문지도 100여 개가 넘었다. 강연 후의 반응도 뜨거웠다. 저자 사인을 받기 위해 길게 줄을 서고 악수를 청하는 학생도 많다.

역시 하이라이트는 학생들이 쓴 손 편지다. 깨알같이 써 내려간 편지에는 강연을 듣고 느낀 솔직한 마음을 담았다. '강연을 듣고 큰 자극제가 되었다며 이태석의 정신을 삶의 지침서로 삼겠다'는 약속을 하고 '도움이 필요한 사람을 도와 사회에 빛과 소금 같은 존재가 되겠다'는 학생도 있었다.

구수환 감독은 "기대하거나 생각지 못한 반응이어서 마음이 울컥했다"며 학생들에게 감사의 인사를 했다. 이어 "환하게 웃는 학생들의 얼굴에서 희망의 메시지를 보았다. 2024년에는 '다시 이태석이다'는 표어를 가지고 전국 학교에 사랑의 불씨를 뿌리겠다"는 새해 포부를 밝혔다.

한편 어린 학생들에게 사랑의 불씨를 불어넣은 것은 장흥교육지원청 정순미 교육장의 결심 덕분이었다. 정 교육장은 이태석 신부의 삶은 '인성교육의 최고의 교재'라고 생각해 관내 모든 학교에 예산을 책정하고 이태석 신부를 만나도록 한 것으로 알려졌다.

9

고㈜ 신용호 회장님이 적극 실천한
이웃 사랑, 나라 사랑하는 마음

편집 주영재

    교보문고는 대한민국의 도서 판매기업 및 서점 브랜드다. 창업주인 고㈜ 신용호 회장님(1917~2003년)은 "서울 한복판에 대한민국을 대표할 수 있는 서점 하나쯤은 있어야 한다"고 말하며 광화문 교보생명 사옥 지하에 교보문고 광화문점(1호점)을 열었다.

    신용호 회장님은 ▲모든 고객에게 친절하고 그 대상이 초등학생이라고 할지라도 반드시 존댓말을 쓸 것 ▲책을 한 곳에 오래 서서 읽는 것을 말리지 말고 그냥 둘 것 ▲책을 이것저것 보기만 하고 구매하지 않더라도 눈총을 주지 말 것 ▲책을 앉아서 노트에 베끼더라도 제지하지 말고 그냥 둘 것 ▲책을 훔쳐 가더라도 절대로 도둑 취급하여 망신을 주지 말고 남의 눈에 띄지 않는 곳으로 가서 좋은 말로 타이를 것 등을 운영지침으로 삼아 시민을 배려하는 상생기업이라는 긍정적 평가를 받고 있다.

    신용호 회장님은 1917년 전라남도 영암군에서 6형제 중 다섯째 아들로 태어났다. 아버지와 형들은 독립운동을 했다. 회장님은 문학가를 꿈꿨지만 어려운 집안 형편을 극복하기 위해 사업의 길을 걸었다.

독립운동에 공헌한 기업들이 주목받는 가운데 교보생명 설립자 신용호 회장님은 독립운동가들을 지원한 대표적인 기업인이다. 아버지 신예범, 형 신용국, 신용원 모두 항일운동에 나선 인물들이다. 신용호 회장님은 해방 이후에도 국가에 이바지해야 한다는 신념으로 교보생명과 교보문고를 설립, 국가 교육 진흥에 이바지했다. 정부에서는 1996년 신용호 회장님에게 금관문화훈장을 수훈했다.

10

가족 돌봄 청소년에 든든한
'키다리아저씨'

용인신문 박기현 기자 2023.12.26.

**황재규 용인시청소년미래재단 대표이사 취임 후
집중 발굴 나서…교육비·생계비 등 맞춤형 지원**

황재규 대표이사(사진 우측)가 영케어러
를 지원하고 있다.

기흥구 신갈동 거주, 17세 한 청소년은 어린 시절 부모님의 이혼으로 혼자 조부모를 모셨으며 올해 8월 조부 사망으로 현재 시력 장애 조모와 단둘이 살고 있다. 고등학생이면서 할머니의 병원 진료로 학교를 결석해야 했고 아르바이트 후에는 수업 진도를 따라가기 위해 새벽까지 공부했으며 또래 친구들의 여행이나 즐거운 일상을 부러운 눈으로 바라봐야만 했다.

올해 보건복지부는 '가족 돌봄 청(소)년 실태조사(2022)' 결과를 발표했다. 가족을 부양하는 가족 돌봄 청(소)년의 주당 평균 돌봄 시간은

21.6시간으로 하루 3시간 이상을 가족 돌봄에 할애하고 있었으며 이런 환경으로 가족을 돌보지 않는 청(소)년에 비해 삶에 대한 불만족도가 2배 이상, 우울감은 7배 이상 높은 것으로 나타났다.

가족 돌봄 청소년 문제 해결을 위해 용인시청소년미래재단은 지난해 11월 황재규 대표이사 취임 후 '가족 돌봄 청소년 발굴 및 지원'을 올해의 역점사업으로 설정하고 경찰서·학교·주민센터와 연계해 청소년 33명을 발굴했다. 우선 재단은 청소년과 직원이 1:1 자매결연으로 마음을 열고 진심으로 대화한 결과 친누나·오빠와 같은 관계까지 발전했으며 가정 문제뿐만 아니라 교우관계, 진로 선택까지 청소년기에 발생할 수 있는 고민을 폭넓게 상담했다. 또한, 가족 돌봄 청소년에게 가장 필요한 부분을 조사하고 교육비(학원비, 참고서 등), 생계비(식료품, 여성위생용품 등)와 목돈이 필요해 그간 미뤘던 치과 치료와 안과 라식수술 등 맞춤형으로 지원했다. 지원은 1회로 그치지 않았고, 청소년 재단의 장점을 살려 청소년 프로그램 참여의 기회도 제공했다.

라오스의 자원 봉사프로그램에 함께했던 한 청소년은 "그동안 아르바이트와 공부로 자원봉사는 생각도 하지 못했었다"라며 "생애 첫 자원봉사를, 그것도 라오스라는 처음 가본 나라에서 나보다 어린 청소년에게 K문화를 전파하며 진행된 자원봉사는 정말 큰 의미로 다가왔고 사회복지사 등 향후 직업 선택에 대해서 고민할 수 있는 소중한 시간이 됐다"라고 말했다.

황재규 대표이사는 가족 돌봄 청소년 지원의 제도화를 위해 지난 7월 '용인시 가족돌봄 청소년 지원에 관한 조례'를 발의·제정하게 됐다. 이를 통해 가족돌봄 청소년 실태조사, 가족돌봄 청소년 가족에 대한 돌봄 및 가사서비스 지원 등을 할 수 있는 법적 근거도 마련했다.

겨울 패딩을 선물 받은 한 청소년은 "저에게 희망을 주셔서 감사합니다"라며 밝은 미소와 함께 아르바이트 장소로 떠났다.

11

치매 어른이 분실한 68만 원 찾아준 초등생들 표창받아

세계일보 이영균 기자 2024.04.11.

경북 포항에서 치매 어른이 잃어버린 68만 원을 초등학생들이 찾아줘 주위를 훈훈하게 하고 있다.

포항남부경찰서는 중증치매 할머니가 분실한 소중한 재산을 찾아준 초등학생 5명

포항남부경찰서는 11일 중증치매 할머니가 분실한 소중한 재산을 찾아준 초등학생 5명의 선행을 칭찬하며 표창장을 수여한 뒤 기념촬영을 하고 있다. (왼쪽 두 번째 시진곤 포항남부경찰서장). ⓒ 포항남부경찰서 제공

의 선행을 칭찬하며 표창장을 수여했다고 11일 밝혔다.

경찰에 따르면 지난 7일 오후 12시쯤 오천읍 소재 A초등학교 앞에서 초등학생 5명이 도로에 떨어진 지갑을 주워 68만 원의 현금과 신용카드가 들어 있는 것을 발견, 누군가의 소중한 돈이라 생각해 곧바로 112신고에 했다.

이에 경찰은 카드회사를 통해 분실자 B씨의 연락처 등을 파악해 통

화가 됐지만 B씨는 치매로 인해 자신의 위치를 정확히 인지하지 못했고, 주변 시민의 도움을 받아 B씨의 위치에 신속히 출동 후 지갑을 무사히 전달했다.

B씨는 "부산에서 치매 대처 교육을 받고 온 후 지인을 만나러 가던 길에 지갑을 잃어버렸는데, 나에게는 아주 소중한 돈이라 빨리 찾아야겠다는 생각에 마음이 너무 불안했다"며 "경찰에 즉시 신고해 준 학생들이 너무 고맙고, 집까지 안전하게 귀가시켜 준 경찰관 역시 너무 고맙다"라고 전했다.

시진곤 포항남부경찰서장은 "선행을 하고 기뻐하는 학생들의 순수하고 따뜻한 마음에 감동했다"며 "경찰은 앞으로도 사회적 약자에 대한 배려를 통해 따뜻한 사회가 만들어질 수 있도록 더욱 노력하겠다"라고 말했다.

12

네티즌 울린 편의점 천사…
"돈 없는 아들에 여학생이 햇반·참치캔 사줘"

조선일보 김은경 기자 2021.03.01.

"오늘 편의점에서 저희 작은아들 먹을 것을 사주신 여학생을 찾습니다."

지난 28일 한 지역 커뮤니티 페이스북에 편의점에서 자신의 아들에게 온정을 베푼 여학생을 찾는다는 사연이 올라왔다.

페이스북 캡처

두 아들의 어머니라고 밝힌 글쓴이 A씨는 "남편과 사별하고, 작은 아이가 가난하다는 이유로 잦은 따돌림을 당해 남편 고향인 경기도 하남으로 이사를 왔다"고 했다. A씨는 "(저는) 빚더미를 떠안고 하루 벌고 하루 사는 아줌마"라며 "작은아들은 제가 하루 버는 돈에 비해 먹고 싶은 것이 많은 어린아이"라고 했다.

그는 "작은아들이 오늘 편의점에서 밥과 참치캔을 여러 개 샀는데

잔액이 부족했고, 물건을 뺐는데도 돈이 부족했다고 한다"고 했다. 이어 "그런데 한 여학생이 대신 계산을 해주겠다며 즉석밥 여러 개와 참치캔, 즉석 카레와 짜장, 과자 등을 (가지고 와) 결제를 해줬다"며 "퇴근하고 보니 양이 많아 대략 5만원 넘는 금액인 것 같다"고 했다. 또 "(여학생이 아들에게) 매주 토요일 1시에 편의점에서 만나기로 하고 먹고 싶은 것을 적어오라고 했다고 한다"며 "월급이 나오면 돈을 갚고 싶어 연락을 드린다"고 했다.

A씨는 "제가 들은 이야기는 이것뿐이라 여학생을 찾을 수 있을지 모르겠다"며 "그저 감사하다는 말씀을 드리고 싶다. 꼭 본인 연락 기다리겠다"고 했다.

따뜻한 사연에 네티즌들은 "편의점 천사가 나타났다" "마음이 너무 따뜻해지는 사연이다" "세상은 아직 살만한 것 같다" 등 반응을 보였다. A씨 가족에게 도움을 주고 싶다는 댓글도 여럿 달렸다. 한 페이스북 이용자는 "두 아이를 키우는 엄마로서, 조금이나마 도움을 드리고 싶다"며 연락을 기다린다고 했다.

안녕하세요. 사실 그 나이대에 먹고 싶은 음식 못 먹는 거에 대한 서러움을 잘 알기도 하고, 동생 같았기에 계산해드렸던 겁니다.혹시 어머님이나 아가나 제가 하는 행동이 동정심으로 느껴져서 상처가 될까 봐 아가부터 걱정을 많이 했어요. 너무 예쁜 아가인데 눈치를 너무 많이 봐서 제 마음대로 아가가 쉽게 해 먹을 수 있는 것과 과자 등등 고른 건데 감사하다고 해주시니 제가 더 감사드려요..ㅠㅠ결제 금액은 안 주셔도 되고 괜찮으시다면 토요일 1시 그 편의점으로 아가 보내주시면 이웃 주민으로서 챙겨드릴 수 있는 부분은 최대한 챙겨드릴 테니 메시지 주시면 제 번호 드리겠습니다. 하남에서는 어머님과 아들분들이 상처받는 일이 없으시기를 바랍니다. 꼭 메시지 주세요😊

좋아요 · 답글 달기 · 1일   ○○◡ 1.6천
↳ 답글 94개

페이스북 캡처

게시글이 화제가 되자, 사연 속 여학생도 댓글을 달았다. 여학생은 "그 나이대에 먹고 싶은 음식을 못 먹는 서러움을 잘 알기도 하고, 동생 같았기에 계

70

산해준 것"이라며 "혹시 제 행동이 동정심으로 느껴져 어머니와 아이에게 상처가 될까 봐 걱정을 많이 했다"고 했다.

그는 "너무 예쁜 아이인데 눈치를 너무 많이 봐서, 제 마음대로 아이가 쉽게 먹을 수 있는 과자와 음식 등을 골랐다"며 "결제 금액은 안 주셔도 된다. 괜찮다면 토요일 1시 그 편의점으로 아이를 보내주면 이웃 주민으로서 챙겨드릴 수 있는 부분은 최대한 챙겨드리겠다"고 했다. 그러면서 "하남에서는 어머님과 아드님이 상처받는 일이 없기를 바란다"고 했다.

13

"사흘 굶었어요, 국밥 한 그릇만"…
40대 男에 벌어진 일

한국경제 김수영 한경닷컴 기자 2024.01.15.

이후 '국밥 인증샷'과 감사 인사 올라와

"전화하며 위로해 준 분도…베푸는 사람 되겠다"

© 온라인 커뮤니티 '보배드림' 캡처

생활고에 시달리다 사흘을 굶었다며 국밥 한 그릇만 사달라는 글을 올린 한 40대 남성이 많은 이들의 도움을 받았다고 밝혔다.

최근 온라인 커뮤니티 보배드림에는 '죄송하지만 아무나 국밥 한 그릇만 사주실 수 있을까요'라는 제목의 글이 올라왔다. 일용직 노동자인 A씨는 사흘을 굶고도 며칠이나 고민한 끝에 글을 올렸다고 했다. 글을 올리기로 결심하고도 두 시간 동안 글을 썼다 지우길 반복했다고 전했다. 그의 커뮤니티 닉네임은 '이제 끝낼 시간'이었다.

이후 A씨가 추가로 올린 게시물은 '정말 감사하고 고맙습니다'라는 제목의 글이었다. A씨는 "무려 세 분께서 도합 18만 원이라는 큰돈을 보내주셨다. 연락이 왔을 때 염치 불구하고 계좌번호를 보냈다. 너무 배가 고프고, 또 살고 싶었다"고 전했다. 이어 "한 분과는 통화했다. 위로의 말을 들어서 많이 울었다. 오늘 받은 위로와 도움 잊지 않고 저 또한 어려움에 처하신 분 그냥 지나치지 않겠다"면서 "남은 돈 아껴 쓰고 힘내서 내일부터 버스카드 충전해서 또 열심히 일자리 알아보겠다"고 밝혔다.

그는 국밥 인증 사진을 첨부하며 "맨날 맨밥에 신김치만 먹다가 몇 개월 만에 따뜻한 국물과 고기를 먹는 것 같다. 다시 한번 모든 분께 감사하다"고 인사했다.

당초 다른 일을 하다가 생계가 어려워지면서 일용직 노동을 시작했다는 A씨는 지난해부터 몸이 안 좋아졌다고 한다. 어떻게든 살기 위해 당장 안 입는 겨울옷 등을 중고 거래 사이트에 팔거나 긴급 생계 지원금을 받으며 버텼지만 건강이 나빠지면서 일자리를 찾기는 더 어려워졌다.

그는 "영양 상태가 안 좋아서 그런지 어금니도 많이 빠지고, 잇몸이 붓고, 치아가 흔들릴 정도로 좋지 않아 맨밥이나 라면 등을 씹어서 먹지 못한다. 먹을 수 있는 건 따뜻한 물이나 국에 불려서 죽처럼 씹지 않고 삼키는 류의 음식들뿐이라 국밥을 사달라고 한 것"이라고 말했다. A씨는 직접 자신을 찾아와 패딩, 폴라티 등을 준 사람도 있었으며 핸드폰 뒤판과 배터리를 고쳐준 사람도 있다고 했다. 아울러 일자리를 알아봐 준 사람도 있다며 거듭 감사 인사를 전했다.

그는 닉네임을 '이제 끝낼 시간'에서 '내일의 희망'이라는 꽃말을 가진 '안개나무'로 바꿨다. 그러면서 "진짜 비관적이었고, 깜깜한 어둠뿐이었는데 많은 분께서 빛을 비추어주셔서 이제 일어서 그 빛을 따라 한 발짝 내디뎌 보려 한다. 지금 받은 이 은혜, 절대 잊지 않고, 가슴에 새겨 저 또한 베푸는 이가 되겠다. 제 목숨 살려주셔서 감사하고 고맙다"고 말했다.

14

휴가 나온 軍 칼국수값 대신 낸 20대…
"감사 인사 전하고 싶다"

세계일보 김현주 기자 2024.01.14.

"가게 뛰쳐나가 직접 인사드리려던 때 그분과

눈 마주쳤고 웃음 지어주시며 묵묵히 걸어가셨다"

휴가 나온 장병을 대신해 식
사비를 지불했다는 사연이 올라
와 훈훈함을 안겨주고 있다.

지난 11일 군 관련 제보채널
인 '육군훈련소 대신 전해드립
니다'(육대전)에서 5군단 강원도
철원 GOP에서 근무한다는 한
현역병사는 서울 강남 언주역

육대전 페이스북 갈무리

근처 한 칼국수집에서 감동받은 사연을 전했다.

사연에 따르면 A장병은 지난 9일 아침 가게에서 홀로 조용히 1인석
에 앉아 음식을 주문해 먹고 있었다. 한창 먹고 있던 도중 갑자기 가
게 아주머니가 다급히 달려와 "저기 저분이 계산하고 가셨어요"라고

했다고 한다.

A장병은 "당황해 주위를 둘러보던 그때 제 앞 테이블에 계셨던 20대 중반으로 보이시는 흰색 티셔츠를 입으신 남성분께서 가게를 나서고 계셨다"며 "가게를 뛰쳐나가 직접 인사를 드리려던 때에 그분과 눈이 마주쳤고, 제게 눈웃음을 지어주시며 묵묵히 걸어가셨다"고 썼다. 그러면서 "당시에는 빨리 인사를 드리고 싶은 마음에 목례로만 제 마음을 전달할 수밖에 없었다"며 그분을 꼭 찾아 인사하고 싶어 글을 작성하게 됐다고 설명했다.

A장병은 이번 일을 계기로 다시 한번 힘을 내서 국방의 의무를 다할 것을 다짐했다.

그는 "요즘 국내외로 크고 작은 분쟁이 잦아지고 있고, 최근 있었던 연평도 사건으로 인해 긴장감은 더욱 고조되고 있다"며 "분위기는 현행 경계작전부대에 있는 저 역시 온몸으로 느끼고 있고, 매 순간이 긴장의 연속이지만 오늘 일로 인해 어려운 환경 속에서도 남은 국방의 의무를 이어나갈 수 있는 힘이 생기는 것 같다"고 밝혔다.

이어 "최근에도 오늘(9일)과 비슷한 선행을 베풀어 주시는 분들의 소식들을 접해왔는데 나에게도 이런 일이 일어날 줄 몰랐다"며 "군인을 생각해 주시는 분들이 이렇게 많다는 것을 다시 한번 느끼게 되는 순간"이라고 덧붙였다.

아울러 "기분 좋은 휴가를 시작할 수 있게 해 주셔서, 따뜻한 마음을 전해주셔서 진심으로 감사드린다"며 "이 글이 전해지게 된다면, 그때는 꼭 직접 인사를 드리고 싶다"고 전했다.

15

이지혜 "타인 위해 목숨 거는 소방관,
존경받아 마땅"

문화일보 안진용 기자 2024.03.29.

이지혜, 순직 유가족에 기부금
초록우산에도 2,000만 원 전달

"소방관이야말로 가장 가치 있는 일을 하
는 전문직입니다."

가수 겸 방송인 이지혜(사진)가 순직한 소
방관 가족을 위해 1,000만 원을 기부한 이
유를 이같이 밝혔다. 이지혜는 지난해 12
월 화재 진압 도중 숨진 제주동부소방서
임성철 소방교에게 조의금으로 1,000만 원을 전달했다. 이는 임 소방
교의 동료가 27일 한 온라인 커뮤니티를 통해 고마운 마음을 전하며
뒤늦게 화제를 모았다.

이지혜는 28일 문화일보에 "몇 년 전 '거리의 만찬'이라는 프로그램
을 진행하며 소방관들을 만나고 그들의 삶을 체험할 기회가 있었다"

면서 "타인의 목숨을 구하기 위해 자신의 목숨을 거는 숭고한 삶을 사는 소방관들에게 무언가 도움이 되고 싶었다"고 말했다.

이지혜는 지난해 12월 자신의 유튜브 채널 '밉지않은 관종언니'의 3개월간 운영 수익이 약 3,600만 원이라고 공개하며, 여기에 개인 돈을 보태 총 5,000만 원을 기부했다고 밝혔다. 이지혜는 초록우산어린이재단에 2,000만 원, 대한소방공제회 등에 3,000만 원을 각각 전달하면서 "임 소방교 가족에게 1,000만 원을 전달해 달라"고 당부했다.

이지혜는 "무사히 업무를 마친 뒤에도 트라우마에 시달리는 소방관들이 적지 않다고 들었다"면서 "소방관이야말로 가장 가치 있는 일을 하는 전문직이라고 생각한다. 소방관들도 사람의 생명을 구하는 의사만큼 존경받고, 또 좋은 대우를 받으며 살아가길 빈다"고 덧붙였다.

16

가수 아이유,
복지 취약 계층에 2억 기부

한국일보 우다빈 기자 2024.01.01.

가수 겸 배우 아이유가 2억 기부로 선
한 영향력을 알렸다.

1일 소속사 EDAM 엔터테인먼트 측은
"아이유가 지난해 12월 31일 '아이유애나
(아이유와 팬클럽 유애나를 합친 의미) 이름으
로, 매서운 한파가 몰아치는 겨울철 난방
및 복지취약계층이 조금이나마 더 따뜻한
겨울을 보낼 수 있도록 '한국노인종합복

가수 겸 배우 아이유가 2억
기부로 선한 영향력을 알렸
다. ⓒ EDAM 엔터테인먼트 제공

지관협회', '한국아동복지협회', '한국미혼모협회', '한국장애인복지시
설협회'까지 총 4곳에 난방비 2억 원을 기부했다"고 밝혔다.

아이유는 지난 1년간 2023년 1월 경기도 양평군 저소득 취약계층
을 위한 사랑의 연탄 모으기 성금에 나눔의 손길을 건넨 것을 시작으
로, 지난 5월 어린이날 아동복지전문기관 초록우산어린이재단에, 이
어 밀알학교에도 재능기부를 했다.

또한 5월 생일에는 하트하트재단, 곧장기부, 한국미혼모가족협회,

한국취약노인지원재단 독거노인종합지원센터에, 9월 18일 데뷔기념일에는 3억 원의 성금을 '아이유애나' 이름으로 서울 아산병원, 한국아동복지협회, 서울 어린이병원에 각각 전했다. 지난 1년뿐만 아니라, 아이유는 수년째 꾸준한 기부로, 기부와 나눔 문화에 대한 관심을 대중에 환기시켜 훈훈한 귀감이 됐다.

아이유는 소속사를 통해 "새해가 밝았습니다. 1년 365일 내내 행복할 수만은 없겠지만, 기쁜 날이 슬픈 날보다는 월등히 많은 한 해 되시고, 꼭 건강하시길 바랍니다. 모두 새해 복 많이 받으세요" 하고 새해 인사를 전했다.

아이유는 지난 2008년로 가요계 데뷔했으며, 지난 2021년 발매한 미니 앨범 '조각집'까지 발표하는 곡마다 남녀노소 뜨거운 사랑을 받았다. 또한 본업인 가수 활동 외에도 배우로서 영화와 드라마를 오가며 주연배우로 입지를 공고히 다져왔다. 한편 아이유는 새 앨범 준비에 한창이다.

17

"박명수 씨 덕분에 인생이 바뀌었습니다"

국민일보 박은주 기자 2024.04.03.

개그맨 박명수(53·사진) 씨 하면 많은
분이 대표 유행어인 "우쒸"와 '호통개
그'를 떠올릴 겁니다. 그의 전성기로 꼽
히는 MBC 예능 프로그램 '무한도전' 시
절 다소 냉소적 말투로 독창적인 개그
를 선보이고는 했었죠. 그러면서도 종
종 전해졌던 그의 미담으로 인해 소위

말하는 '츤데레'(쌀쌀맞아 보이는 겉모습과 달리 실제로는 따뜻한 사람)로 불
리곤 했었는데요.

그의 따스한 면모를 보여주는 또 하나의 일화가 최근 한 유튜브 영
상 댓글을 통해 알려졌습니다. 지난달 27일 '돈 잘 버는 후배에게 밥
사주는 이유'라는 제목의 영상에 달린 댓글입니다.

댓글 작성자 A씨는 자신을 박명수 씨의 치킨 가게에서 아르바이트
생으로 일했던 사람이라고 소개했습니다. 박명수 씨는 2004년 서울
영등포구 여의도에 프랜차이즈 치킨 가게를 연 뒤 직접 배달을 다닐
만큼 애정을 가지고 운영했었는데요. A씨에 따르면 아르바이트생 면

접 또한 박명수 씨가 직접 봤다고 합니다.

치킨 가게에서 박명수 씨와 마주한 A씨는 자신도 모르게 위축됐다고 했습니다. 그는 당시 자신이 내성적이고, 외모도 볼품없었다며 "면접을 볼 때마다 매번 떨어졌고, 박명수 씨의 말투도 무서워서 긴장을 많이 했다"고 말했습니다. 하지만 솔직하게 자신의 강점을 털어놨죠. 바로 '성실함'이었습니다.

A씨를 물끄러미 바라보던 박명수 씨는 "아르바이트를 하려는 이유가 무엇이냐"고 물어봤다고 합니다. A씨는 어려운 가정 형편 탓에 동생의 대학교 학비를 마련해야 한다고 답했습니다. 자신도 대학에 갈 만큼 여유는 없어서 아르바이트로 돈을 모아 동생을 뒷바라지하려는 거라고요. 수능 점수를 묻는 박명수 씨에게 "400점 만점 중 338점을 받았다"는 얘기도 했죠.

장시간의 침묵 끝에 박명수 씨는 이렇게 말했다고 합니다. "내일부터 나와. 아니 오늘 시간 돼? 그냥 오늘부터 일해."

A씨와 박명수 씨의 인연은 그렇게 시작됐습니다. 어투는 툴툴거리는 듯하지만, 그 속에 담긴 의도는 온정이 넘쳤던 박명수 씨와의 인연 말이죠.

박명수 씨는 A씨를 살뜰하게 챙겼다고 합니다. 어느 날은 2만 원을 쥐여주며 "너랑 나처럼 못생긴 애들은 깔끔하기라도 해야 돼. 가서 머리 짧게 자르고 와"라고 했고, 연장근무를 시킨 날에는 꼭 택시비를 주곤 했죠. 택시비를 너무 많이 줘서 거절하면 "내가 사장이야, 주는 대로 받아"라며 '쿨'한 반응을 보였습니다.

월급을 조금씩 더 주며 "꼭 대학에 가라"고 당부하거나, 설거지하고 있는 A씨 뒤에 와서 "그렇게 일해 대학에 갈 수 있을 것 같아? 더 열심히 하란 말이야. 심장이 터지도록 일해!"라고 괜한 농담을 던지는 등 박명수 씨는 자신만의 방법으로 A씨를 도왔습니다.

지금 A씨는 어엿한 한 가정의 가장이 됐다고 합니다. 박명수 씨의 말대로 대학에 갔고, 졸업도 했고, 취업을 해 인생의 동반자를 만났습니다. 두 아이의 아빠이기도 하죠. 그는 박명수 씨와 일했던 시절을 회상하며 "어릴 때라 세상도 모르고 제 삶과 진로에 대해 누군가 상담할 사람도 없었던 때다. 그래서 (박명수 씨의) 말씀과 도움이 정말 소중하고 고마웠다"고 했습니다.

박명수 씨의 미담이 전해진 것은 이번이 처음은 아닙니다. 그와 오랜 시간 호흡을 맞춘 매니저도 박명수 씨에게 고마운 마음을 소셜미디어(SNS)를 통해 전한 적이 있었죠. 일정이 고될 때는 박명수 씨가 직접 운전대를 잡기도 하며, 박명수 씨의 배려로 고액 연봉을 받는 등 많은 도움을 받고 있다고요. 2016년에는 박명수 씨가 자신의 가게에서 일했던 또 다른 아르바이트생의 대학교 학비를 지원해 준 사실이 공개되기도 했습니다. 지인의 수술비 300만 원을 대신 내준 사실이 알려진 적도 있었죠.

A씨가 박명수 씨의 선행을 전한 댓글에는 160개가 넘는 '대댓글'(댓글에 달린 댓글)이 달렸습니다. 이렇게 많은 사람이 A씨와 박명수 씨의

사연에 감동을 받는 것은 단지 유명 연예인의 선행 때문은 아닐 겁니다. 가진 것을 나눌 줄 알고, 받은 도움을 기억할 줄 아는 세상. 그렇게 돕고, 때로는 받으며 더불어 사는 세상을 소망하기 때문이 아닐까요?

A씨는 글을 이렇게 마무리했습니다.

"지금은 연락처가 없어서 연락을 못 드리지만 가끔 (박명수 씨가) TV에 나오면 아이들에게 아빠 어릴 때 많이 도와주신 고마운 분이라고 말하곤 합니다. 언제나 볼 때마다 그 시절이 생각나 따뜻한 마음이 다시 전해져 행복해 눈물이 날 때도 있습니다. 다시 한번 정말 감사드립니다. 늘 건강하세요."

18

"아이 뛰어 죄송해요" 손편지에…
아랫집 할아버지의 따뜻한 답장

조선일보 문지연 기자 2021.10.20.

"혼자 외롭게 사는 늙은이에 겐 시끄러움도 위안이 된답니 다. 걱정하지 마세요."

혹시나 내 아이가 시끄러웠 을까 하는 마음에 쓴 엄마 A씨 의 편지에 아랫집 할아버지는 이런 답장을 보냈다. 문 앞에 는 아이가 좋아할 법한 빵들로 가득 찬 비닐봉지도 함께였다.

A씨가 수확한 감과 함께 전달한 손편지(왼쪽). 선물을 받은 할아버지 역시 답장과 함께 빵을 한가득 사왔다. ⓒ 온라인 커뮤니티 '보배드림'

A씨는 20일 온라인 커뮤니티 '보배드림'에 글을 써 이웃 할아버지 와 있었던 마음 따뜻한 이야기를 전했다. "너무 좋은 이웃을 만나 기 분 좋아 살짝 올려봐요"라며 들뜬 기분이 그대로 전해지는 말로 그날 의 일들을 꺼내놓기 시작했다.

그는 "얼마 전 친정에서 첫 감 수확을 했다. 아기가 쿵쾅거리고 주말마다 아기 친구들이 와도 한 번도 화내신 적 없는 아래층 할아버지께 올해도 감사하다는 손편지와 감을 들고 갔다"며 "아기 얼굴이라도 보여드릴 겸 문을 두드렸는데 안 계시더라. 문 앞에 살포시 놔두고 왔다"고 말했다.

A씨는 손편지를 통해 "아이가 한동안 아파서 병원에 있다가 퇴원을 하고 주말마다 친구들이 놀러와 시끄럽게 하는데도 2년간 한 번도 올라오지 않으시고, 오히려 '애들은 다 그런 것 아니겠냐'는 너무 인자하신 말씀에 감동 받았어요. 좋은 주민분들을 만나 씩씩하고 바르게 클 수 있게 해주셔서 감사합니다. 올해 첫 수확한 감이에요. 맛있게 드셔주세요. 늘 감사합니다"라는 마음을 담았다.

그로부터 얼마 지나지 않은 어제. 외출했다 집에 돌아온 A씨는 문 앞에 살포시 놓인 무언가를 확인한 뒤 미소를 감출 수 없었다. A씨는 "아래층 할아버지의 고마운 마음과 선물이 있었다"며 그날 받은 편지와 빵을 찍어 올렸다. 그는 "빵들도 요즘 젊은 사람들이 좋아할 만한 것들로 가득 들어 있었다"며 "할아버지께서 엄청 신경 쓰고 고민하며 골라주셨구나 싶어 마음이 찡했다"고 했다.

할아버지가 썼다는 답장에는 "○○ 엄마. 이름이 너무 정겹네요. 매번 감사합니다. 혼자 외롭게 사는 늙은이에게는 시끄러움도 위안이 된답니다. 걱정하지 마세요"라고 적혀 있었다. A씨의 말처럼 샌드위치, 소시지 빵, 앙버터와 같은 빵들도 한가득이었다.

A씨는 "저는 진짜 이웃 주민들을 잘 만난 것 같다"며 "평소에도 이웃 할아버지, 할머니, 이모, 삼촌들이 아이 인사받아주시고 안부도

물어봐 주시고 먹을 것도 나눠 먹어서 이곳은 삭막하지 않구나 생각했다"고 말했다. 그러면서 "너무 좋은 이웃을 만나 아기가 밝고 건강하게 자랄 수 있을 것 같다"며 글을 마무리했다.

정겨운 마음이 오간 이야기에 네티즌들은 감동적이라는 반응을 쏟아냈다. 자신도 비슷한 경험이 있다며 따뜻함을 나누는 사람도 있었다. 한 네티즌은 "제가 예전에 살던 아랫집 노부부도 같은 말씀을 하셨다. 외로이 둘이 사는데 애들 뛰는 소리 오히려 정겹다고 걱정하지 말라시더라"며 "아이도 아랫집에 내려가면 할머니, 할아버지랑 한참을 떠들다 올라오곤 했다"고 추억했다.

네티즌들은 "두 분 모두 훌륭한 인성을 가지셨다" "마음이 훈훈해지는 이야기다" "이런 일이 요즘 흔치 않은데, 이런 게 이웃" "정말 좋은 진짜 '어르신'을 만난 것 같다" "갑자기 눈가가 촉촉해진다" 등의 댓글을 달았다.

19

'골프계의 천사' 변현민 프로…
향년 34세로 별세

한국경제 장지민 객원기자 2024.05.01.

한국여자프로골프(KLPGA) 투어에서 두 번이나 우승컵을 들어 올린 변현민(34) 프로골퍼가 지난달 29일 사망했다.

고인이 된 변현민 선수는 초등학교 3학년 때 골프를 시작했지만, 중학교 2학년 때 아버지가 간경화로 돌아가시면서 어려운 여건에서 운동을 해왔다.

어려움 속에서도 KLPGA투어 2년 차인 2011년 히든밸리 여자오픈서 첫 우승컵을 들어 올린 변 선수는 2013년 S 오일 챔피언십에서도 우승했다. 2019년 은퇴를 선언한 변 선수는 "누구의 자리를 빼앗아야 하는 치열한 경쟁에 지쳤다. 좋아하는 일을 하고 싶어 은퇴했다"고 말하기도 했다.

골프계에서 인성이 좋기로 유명했던 변 선수는 캐디 비용이 없어 선수 생활 대부분 어머니가 캐디 노릇을 해 줬다. 그러면서도 힘든 상황에서 운동하는 후배들을 위해 장학금을 내놓기도 했다.

한편, 변 선수는 작년 뇌종양 수술 후 재활 중 뇌수막염에 걸려 병마와 싸워오다 하늘의 별이 된 것으로 알려져 팬들의 안타까움을 더하고 있다.

20

'모발 기부' 8살 리원이…
간이식 수술로 선물 받은 '새 삶'

국민일보 박은주 기자 2024.05.05.

생후 78일 만에 담도폐쇄증 진단

지난 2017년 간 이식 수술 받아

기증인 생각하며 종종 기도…"천사님, 감사합니다"

간이식으로 건강을 되찾은 8세 김리원 양. ⓒ 사랑의장기기증운동본부 제공

장기기증으로 새 생명을 선물 받고 건강한 삶을 되찾은 8세 여아의 사연이 5일 공개됐다. 초등학교 2학년인 김리원(8) 양은 "천사님 너무 감사합니다. 잘 지켜봐주세요. 앞으로도 건강하게 잘 살겠습니다"라는 인사를 이날 연합뉴스에 전했다.

지난 2016년 5월 20일 태어난 김 양은 생후 78일 만에 '담도폐쇄증' 진단을 받았다. 딸의 황달 증상이 심해져 병원을 찾은 엄마 이승아 씨에게는 청천벽력 같은 소식이었다.

이 씨는 "아이의 배에 복수가 차고 팔다리가 앙상해지는 모습을 보며 남편과 우는 날도 많았다"며 "간이식이 필요하다는 말에 저희 부부가 나서고 싶었지만 부적합 판정을 받아 괴로웠다"고 회상했다.

1년 넘게 이어진 치료에도 김 양의 증세는 좀처럼 호전되지 않았다. 마지막 희망은 간이식이었지만, 또래 아이들에 비해 체중이 4~5kg 정도 덜 나가는 작은 체구의 김 양이 수술을 감당할 수 있을지는 미지수였다.

그러나 김양은 2017년 7월 6일, 14시간 30분 동안의 긴 수술을 이겨내고 빠르게 건강을 회복했다. 기증인은 20대 초반의 여성으로, 김 양뿐만 아니라 많은 환자에게 새 생명을 선물한 뒤 세상을 떠났다.

이 씨는 수술이 끝난 뒤 마음속으로 기증인과 이런 약속을 했다. "리원이에게 생명을 주셔서 정말 감사합니다. 어렵고 힘든 결정을 해주신 유가족분들의 사랑을 잊지 않고 더 열심히 살아가겠습니다."

이 씨는 김 양이 아주 어릴 때부터 기증인인 '천사님' 이야기를 해줬다고 한다. 이 때문인지 김 양은 종종 천사님에게 감사 인사를 드린다.

이 씨는 "건강해진 리원이를 볼 때마다 기증인께 감사인사를 드리곤 한다. 그런데 리원이도 항상 천사님께 기도하고 있더라"면서 "'엄마, 나 진짜 감사하다고 천사님께 또 기도했어'라고 말할 때마다 저도 크게 감동하곤 한다"고 말했다.

어느덧 초등학생이 된 김 양은 춤추기와 그림 그리기를 가장 좋아하는 쾌활한 성격의 아이로 성장했다. 자신이 받은 사랑도 잊지 않고 있다. 지난해 소아암 환아들을 위해 '모발 기부'를 한 것이다. 이 씨

부부도 감사한 마음을 나누고자 2018년 장기기증 희망등록에 서약했다.

이 씨는 "언젠가 유가족분들을 만나게 된다면 활기찬 모습으로 건강하게 자라고 있는 리원이의 모습을 꼭 보여드리고 싶다"며 "생명의 은인이신 기증인의 큰 사랑을 잊지 않고 리원이를 건강하고 바른 아이로 잘 키우겠다"고 말했다.

21

당신의 배려로 누군가
다시 살 힘을 얻었어요

한겨레 문병하 목사(양주덕정감리교회) 2021.08.27.

어느 아파트 근처에 있는 세
탁소에서 불이 났다. 불은 세탁
소 전부를 태웠고, 며칠이 지난
후 아파트 벽보에는 '사과문' 하
나가 붙었다. 사과문에는 불이
나 옷이 모두 타서 죄송하다는
이야기와 옷을 맡기신 분들은

ⓒ 픽사베이

옷 수량을 신고해 달라는 내용이 적혀 있었다. 공고가 붙은 후, 한 주
민이 공고문 아래에 글을 적고 갔다. 당연히 옷 수량을 적어 놓은 글
인 줄 알았는데 뜻밖의 글이 적혀 있었다.

'아저씨! 저는 양복 한 벌인데 받지 않겠습니다. 그 많은 옷을 어떻
게 하시겠습니까? 용기를 내세요' 그 주민 말 한마디에 아파트 주민
들이 속속 배상을 받지 않겠다고 나서기 시작했다. 그 후 누군가 금
일봉을 전했고, 금일봉이 전달된 사실이 알려지자 또 다른 누군가도
또 다른 누군가도 도움의 손길을 보내왔다. 얼마 뒤 아파트 벽보에

또 한 장의 종이가 붙었다. 다름 아닌 '감사문'이었다. '주민 여러분! 고맙습니다! 월남전에서 벌어온 돈으로 어렵게 일궈 온 삶이었는데, 한순간에 모두 잃고 말았습니다. 하지만 여러분의 따뜻한 사랑이 저에게 삶의 희망을 주었고, 저는 다시 일어설 수 있었습니다. 꼭 은혜에 보답하겠습니다.'

나비의 날갯짓처럼 작은 변화가 폭풍우와 같은 커다란 변화를 유발시키는 현상을 나비 효과라고 합니다. 나비 효과처럼 혼자만의 작은 선행과 배려로 시작한 일이, 세상 전체를 움직이고 변화시킬 만큼 큰 힘을 가질 수도 있는 것입니다. 희망이 없던 사람도 가진 것이 많든 적든 모든 사람들이 그 힘을 가질 수 있습니다. 나비의 날갯짓을 시작하는 날이 되시기를 바랍니다.

22

미국서 온 90대 참전용사
택시 잡아주고 차비 내준 대학생 '화제'

서울=뉴스1 박응진 기자 2022.07.04.

정재화 옹 "분 넘치는 친절과 대우에 얼마나 고마운지 모르겠다"

미국에서 온 90대 한국 전쟁(6·25전쟁) 참전 유공자를 위해 택시를 잡아주고 차비까지 대신 내준 대학생의 사연이 소개돼 화제다. 박민식 국가보훈처장은 4일 최근 참전용사 방한 프로그램에 따라 우

6·25 전쟁 72주년을 맞아 국가보훈처 초청으로 우리나라를 찾은 유엔군 참전용사들. 2022.6.27/ 뉴스1 ⓒ News1 민경석 기자

리나라를 찾았던 정재화 옹(93)의 이 같은 일화를 소셜미디어(SNS)를 통해 전했다.

박 처장에 따르면 미국 캘리포니아주에서 살고 있는 정 옹은 보훈처 초청으로 최근 고향 땅을 밟고 윤석열 대통령 초청 만찬, 6·25전쟁 발발 제72주년 행사, 청와대 관광, 박 처장 주최 6·25전쟁 유엔군

만찬 일정 등에 참여했다. 이들 일정을 마친 정 옹은 오랜만에 과거 군 동료들을 만나 점심식사를 한 뒤 택시를 타려고 했지만 정 옹 일행은 20분 넘게 택시를 잡지 못했다.

이에 정 옹은 옆에 있던 지범준 씨(고려대 생명공학과 4학년)에게 도움을 청했고 지 씨는 싫은 기색도 없이 정 옹의 휴대전화에 앱을 깔아주고 택시를 불러주기 위해 애썼다고 한다. 그러기를 약 30분, 정 옹은 미안한 마음에 자신이 6·25전쟁 참전 유공자로서 보훈처 초청을 받아 한국에 오게 됐다고 지 씨에게 소개했고, 이에 지 씨는 "나라를 위해 싸워주셔서 고맙다"며 근처 편의점에서 차가운 생수를 사와 건네고 본인이 타야 할 택시를 정 옹 일행에게 양보한 것으로 알려졌다.

정 옹 일행은 이후 택시에서 내리며 요금을 결제하려고 했으나, 이미 지 씨가 차비까지 지불한 뒤였다.

정 옹은 "너무 고마워 이름을 알아왔다"며 지 씨 이름을 공개했다. 정 옹은 "맙소사!! 분 넘치는 친절과 대우에 얼마나 고마운지 모르겠다"고 밝혔다.

23

부산대 장기이식센터 교수
"어떤 경우도 병원 지킬 것"

동아일보 부산=김화영 기자 2024.04.24.

[의료혼란 장기화]

윤명희 교수 "3만명 넘게 이식 대기

이런 상황에서 의료현장 못 떠나

방황하는 전공의-의대생 가슴 아파"

"어떤 상황에도 병원을 떠나지 않을 겁니다."

23일 부산 서구 부산대병원 장기이식센터에서 만난 윤명희 부산대병원 간담췌외과 교수(56·사진)는 의료 공백 사태 장기화로 최근 주요 병원에서 주 1회 휴진 논의가 이뤄지고 있는 데 대해 "꺼져 가는 생명에 불을 지피는  일보다 중요한 것은 없다"며 이렇게 말했다. 그는 "흔들리지 않고 환자를 돌볼 것"이라고 강조했다.

'국내 여성 1호 간담췌외과 전문의'로 활약하고 있는 윤 교수는

2016년부터 부산대병원에 근무하며 약 100회에 걸쳐 뇌사자의 장기이식 수술에 참여했다. 올 초부터 장기이식센터장을 맡고 있다. 그는 19일 발생한 뇌사자의 심장과 콩팥 등을 3명에게 이식하는 수술을 22일까지 진행하고 23일 오전 일반 환자의 수술을 집도한 뒤에야 마주 앉아 이야기를 꺼냈다.

윤 교수는 "2박 3일 동안 줄곧 병원에 있었다"며 "뇌사자의 장기를 이식하는 수술은 매우 까다로우며 이를 총괄하기 위해서는 긴장하며 현장을 지켜야 한다"고 했다. 전공의 부재가 두 달 동안 지속되면서 긴장감이 더욱 커졌다고 했다. 그는 "뇌사자는 예고 없이 갑작스럽게 발생한다"며 "3만 명이 넘는 국내 환자가 뇌사자의 장기를 이식받기 위해 애타게 기다리는 만큼 우리는 그 어떤 상황에도 병원을 지켜야 한다"고 말했다. 이어 "뇌사자 1명의 장기 기증으로 최소 3명이 새 생명을 얻을 수 있다"며 "이런 상황에서 어떻게 의료현장을 떠나겠느냐"고 반문했다.

그는 향후 의료계를 이끌어야 하는 전공의를 향한 위로와 응원의 말도 잊지 않았다. 윤 교수는 "어렵게 의대에 입학한 이들이 불안한 미래를 걱정하며 수업을 듣지 못하고 밖에서 방황하고 있다"며 "갈등을 풀 수 있는 대책이 시급히 마련되면 좋겠다"고 말했다.

환자들이 수도권으로 몰리는 데 대한 안타까움도 드러냈다. 윤 교수는 "간과 심장 등을 이식할 수 있는 뛰어난 역량을 갖춘 외과 의사들이 지역에서도 활동 중이라는 사실을 환자들이 꼭 알아주면 좋겠다"며 "수술을 받기 위해 수도권으로만 몰리는 상황이 줄어들었으면 한다"고 말했다.

2장

한계를 극복한 인간승리의 주인공들

신체적인 장애, 정신적인 장애, 열악한 환경 등 온갖 장애와 한계를 극복하고 각고의 노력과 불굴의 도전 정신으로 새로운 가치를 창조하거나, 자신의 목표를 향해 나아가거나, 영광스러운 자리에 오른 주인공들을 찾아보았습니다.

남녀노소, 빈부귀천에 상관없이 누구든지 살아가면서 고난과 시련을 겪을 수 있으며, 이는 예고 없이 불시에 닥칠 수도 있습니다. 만일의 경우 역경에 처하더라도 인간승리의 주인공들의 행적에서 일어설 수 있는 용기와 희망을 얻어 결코 좌절하지 않고 이를 악물고 일어서야 합니다. 반드시 인간승리의 주인공이 돼야 합니다. 자신을 아무 일도 할 수 없는 무능력자라고 치부하고 단념해서는 안 됩니다.

인생이 결코 단거리 경주는 아닙니다. 인간의 인내와 끈기의 위대성을 보여주는 마라톤과 같습니다.

1

보육원 버려졌던 아이,
보육원 '희망 쌤'으로

동아일보 최예나 기자 2021.05.15.

15일 제40회 스승의날

이성남 교사 옥조근정훈장 받아…'고아' 편견 싫어 피나는 노력

보육원 찾아 심리−공부−인생 상담…스승의날 3,133명 훈장−표창

1981년 네 살 아이는 동생과 함께 경북 김천의 한 보육원 앞에 버려졌다. 몇 년 후 초등학교에 입학했다. 선생님이 물었다. "혹시 우리 반에 보육원 사는 학생 있나요?"

새 학년 시작 때마다 같은 질문이 반복되면서, 아이는 자

이성남 경북 김천시 어모중 교사가 운동장에서 학생들과 체육수업을 하고 있다. ⓒ 이성남 교사 제공

신의 처지를 깨달았다. 하지만 무시당하기는 싫었다. 더 인정받기 위해 이를 악물었다. 보육원 동생들에게 희망이 되고 싶었다. 그렇게 노력한 끝에 스물다섯 살이 된 2002년 보육원 생활을 마치고 체육선생님이 됐다.

이야기의 주인공은 14일 열린 '제40회 스승의날 기념식'에서 옥조 근정훈장을 받은 이성남 김천 어모중 교사(44)다. 그는 교단에 서게 된 뒤 무엇보다 학생들이 재미있게 수업받기를 희망했다. 야구를 응용한 새로운 스포츠 종목인 '투투볼'을 개발한 이유다. 그 덕분에 이 교사는 2017년 '한국체육대상 교육부 장관상'을 수상했다.

지난해 이 교사는 한국고아사랑협회 회장을 맡아 자신과 같은 처지의 '보호종료아동'을 돕고 있다. 또 '나는 행복한 고아입니다'라는 책도 펴냈다. 지금도 자신이 살았던 보육원 등을 정기적으로 방문해 아이들과 상담한다. 그는 "보육원에서 나가면 통장을 어떻게 개설하고, 집은 어찌 구할지 알려주고 공부나 심리 상담도 해준다"며 "내가 거기서 성장했으니까 말해줄 수 있는 것"이라고 말했다. 이 교사는 "열심히 노력한 만큼 좋은 사람들이 많이 도와줬다"며 "덕분에 절망을 희망으로 바꿀 수 있었다"고 밝혔다.

스승의날(15일)을 기념해 이 교사 등 17명이 근정훈장을, 16명이 근정포장을 받는 등 우수 교원 3,133명에게 포상과 표창이 수여됐다. 기념식이 열린 충남 논산 강경고는 스승의날이 유래한 곳이다. 1958년 이 학교 청소년적십자단(JRC) 단장 노창실 씨(81·여)와 단원들이 아픈 선생님이나 퇴직한 은사를 찾아뵌 활동이 시초다. 이날 행사에 참석한 노 씨는 "어려운 시절이었는데 선생님들이 돈 없는 학생의 수업료를 대신 내주고, 아픈 학생에게 죽을 쒀주는 등 정말 많은 사랑을 주셨다"며 "선생님의 말씀 한마디는 학생들에게 꿈과 희망이었다"고 말했다.

2

제대 앞두고 지뢰 밟았던 군인…
태권 고수로 기네스북 올랐다

한국경제 신현아 기자 2024.02.24.

군 제대를 한 달 앞두고 지뢰를 밟아 한쪽 다리를 잃었던 24살 청년이 약 40여 년 뒤 장애인 태권도 세계 최고수가 된 사연이 전해졌다.

24일 연합뉴스에 따르면 개인택시 기사 김형배(65) 씨는 지난 20일 영국 기네스 협회로

김형배 씨가 태권도 뒤돌려차기로 3단 연속 격파를 하고 있다. 발차기하는 왼쪽 다리가 의족이다. ⓒ 사진=김형배 씨 제공 / 연합뉴스

부터 '세계 장애인 태권도 최고단자' 인증서를 받았다. 2019년 6월 태권도 7단에 승단했던 그는 최근 신청한 기네스 협회 심사를 통과했다.

김 씨는 지난달 24일 부산 동부수정체육관에서 이상정 부산태권도협회 원로회의 회원(공인 9단), 송화수 세계태권도본부 국기원 자문위원(공인 9단) 등 두 명의 증인과 선후배들이 지켜보는 가운데 진행한 발차기, 품새, 격파, 겨루기 등을 영상으로 담아 영국 기네스 협회로 보냈다.

그의 이번 기네스 도전에 대해 인간승리란 평가가 잇따른다. 김 씨는 1983년 제대를 한 달 앞두고 휴전선 비무장지대 수색 근무에 참여했다가 지뢰를 밟아 왼쪽 무릎 아래 다리를 잃었다. 당시 20대였던 김 씨의 상실감은 이루 말할 수 없었다. 태권도 사범과 액션 배우의 꿈도 산산조각이 났다. 그렇게 김 씨는 제대 후 3년 내내 술만 마셨다.

하지만 다시 마음을 잡고 공부한 결과 동아대학교에 입학했다. 이후 부산교통공사 공채에 합격한 뒤 결혼해 가정도 꾸렸다. 자신이 그토록 좋아하던 태권도도 다시 시작했다. 당시 그의 나이 마흔 살, 의족을 단 상태였다.

김 씨는 태권도에 매진했다. 그 결과 4~7단을 땄다. 자신이 의족 장애인으론 최초 태권도 최고단자라는 사실을 뒤늦게 알고 기네스북에 도전했다.

김 씨는 연합뉴스에 "기네스월드레코드에 기록 보유자로 등재돼 너무나 영광스럽고 기쁘다. 의족 장애인으로 살면서 허약해진 건강과 앞이 캄캄하던 절망의 시절, 방황, 고통, 태권도 재도전 등의 기억이 주마등처럼 스쳐 지나간다"고 말했다.

그는 "군 복무를 하다 다리를 잃었지만, 나의 희생으로 국가와 국민의 안위를 지킬 수 있었다고 생각하니 자랑스럽다. 군 시절 휴전선에서 북한과 마주하며 자유의 소중함으로 절실히 느꼈다. 택시를 타는 젊은 친구들에게 나의 이야기를 해주면 다들 놀라고 감동했다고 말한다"고 했다.

3

생계 위해 北광산서 일했던 탈북민,
국책기관 북한연구자 됐다

중앙일보 현예슬 기자 2024.01.09.

북한에서 가족 생계를 위해 광산 취업을 택했던 탈북민이 한국에서 뒤늦게 배움의 길에 들어서 국책연구기관의 북한 전문 연구자가 됐다.

통일연구원 부연구위원으로 채용된 탈북민 북한 연구자 조현정 박사. ⓒ 연합뉴스

통일연구원은 북한 연구자 조현정(48) 박사(교육학)를 부연구위원으로 채용했다고 9일 밝혔다. 총리실 경제인문사회연구회 소속 정부출연연구기관에서 특별채용이 아닌 공채로 채용된 탈북민은 조 박사가 처음인 것으로 알려졌다.

조 박사는 4세 무렵 아버지 직장에서 기계톱에 오른손 손가락이 잘리는 사고를 당해 장애를 갖게 됐다. 고교 졸업 후 가족의 생계를 위해 대학 진학을 포기하고 광산에 취업했으나, 경제적 어려움이 계속돼 중국으로 탈북을 시도했다. 강제북송을 겪으며 두 차례 탈북 시도만에 2003년 8월 어렵게 한국으로 입국했다. 당시 제3국의 공관을 거쳐 어렵게 한국에 도착한 조 박사 일행의 입국 모습은 국내 언론에도 크게 다뤄졌다.

이후 조 박사는 생계를 유지하기 위해 신문 배달, 보험 설계, 골프장 캐디 등 여러 직업을 거쳤다. 그러다 입국 6년이 지난 2009년, 학업에 대한 갈망과 아쉬움을 해소하기 위해 30대 중반의 나이에 한국방송통신대학교에 진학해 2013년 교육학 학사 학위를 받았다. 이어 이화여자대학교 북한학 석사(2016), 교육학 박사(2020) 학위를 받았다. 그는 최근까지 탈북민 연구자 등으로 구성된 북한 전문 민간연구기관 이음연구소 대표로 재직했다.

조 박사는 "북한에서의 삶과 경험, 한국에서의 삶 등을 연구에 녹여 통일 한국에 기여하고자 하는 목표를 가지고 있다"며 "탈북민에 대한 고정관념은 분단이 만들어낸 상처로, 함께 치유해 나갈 수 있도록 북한사회연구, 북한 주민 연구자로서 이바지하고 싶다"고 밝혔다.

4

"해외 취업은 스펙보다 열정…
실패도 귀한 경험됐죠"

한국경제 강경민 기자 2022.12.26.

도전정신 무장한 MZ세대, 3년간 2,600명 취업 성공

번번이 서류 탈락한 웹디자이너

캐나다서 25번 면접 끝에 합격

"열등감 사라지니 영어도 늘어"

200개 社 지원, 10번 기회 얻어

영국서 의료기기 스타트업 취직

"현지 취업정보·네트워크 챙겨야"

　올해 캐나다 M사의 사용자경험(UX)·사용자환경(UI) 웹디자이너로 취직한 김소희 씨(27)는 얼마 전까지 본인을 '루저'라고 표현했다. 학벌과 스펙 모두 내세울 게 없었기 때문이다. 2년제 대학을 졸업한 뒤 취업준비생 자격으로 무작정 밴쿠버로 건너갔다. 서류전형에서 번번이 떨어져 면접 기회조차 얻지 못했던 한국과 달리 캐나다에선 디자인 작업물 등의 성과물만 있으면 면접 볼 기회는 주어졌다. 시간이 지나면서 열등감이 사라지다 보니 영어 실력도 크게 늘었다. KOTRA

밴쿠버 무역관이 제공하는 멘토링 프로그램을 통한 취업 정보도 적극 활용했다. 김씨는 25번의 면접을 치른 끝에 현지 음악업체 웹디자이너로 취직하는 데 성공했다. 그는 "과거 실패한 경험만 핑계 삼지 않고 끝까지 도전해 보자고 마음먹은 게 좋은 결과로 이어진 것 같다"고 말했다.

3년간 2,600여 명 취업 성공

올 들어 경기침체가 본격화되면서 청년 고용에도 빨간불이 켜지고 있다. 26일 통계청에 따르면 지난달 15~29세 청년 취업자는 전년 동기 대비 5,000명 감소했다. 청년 취업자가 감소세로 전환한 것은 21개월 만이다. 청년 고용률은 지난달 기준 46.1%다. 코로나19 사태로 고용시장이 크게 위축돼 기업 채용이 줄면서 대학을 졸업한 청년의 고용률이 하락하고 있다는 설명이다.

일각에선 '워라밸(일과 삶의 균형)'을 앞세워 대기업 등 안정적인 직장만 선호하는 MZ세대(밀레니얼+Z세대)의 성향이 반영된 결과라는 진단도 나온다. 하지만 일부 성향만 보고 세대 자체의 성격으로 규정하는 이런 진단에 대해 우려하는 목소리도 높다. 특히 열정과 도전정신을 앞세워 해외 취업시장에 적극 뛰어들고 있는 MZ세대야말로 이런 부정적인 시선을 불식시키는 대표적인 사례라는 분석이 나온다.

고용노동부에 따르면 코로나19에 따른 각국의 입국 제한에도 2020년부터 올해 말까지 2,600명 이상의 MZ세대가 KOTRA를 통한 해외 취업에 성공했다. 올해 해외 취업자 수는 역대 최고치인 1,000명에 달하는 것으로 잠정 집계됐다. KOTRA 관계자는 "노동인구 감소 등으로 현지 외국 기업 및 해외 진출 국내 기업이 구인난을 겪고 있다"며 "청년들의 해외 취업 지원 신청도 크게 늘고 있다"고 말했다.

"두드리면 길은 열린다"

해외 취업에 성공한 MZ세대가 꼽는 합격의 비결은 △업무 전문성 △외국어 역량 △현지 네트워킹 등이다. 일부 대기업이나 한국 기업 지사를 제외하면 국내에서 어느 대학을 다녔는지는 중요하지 않다는 것이 공통된 설명이다. 해당 분야의 자격증이나 인턴 경험뿐 아니라 현지 문화 이해는 필수라고 강조했다.

국내에서 일본학을 전공한 뒤 도쿄로 건너간 김미지 씨(28)는 현지 정보기술(IT)업체에 다니고 있다. 그는 "일본 워킹홀리데이 프로그램과 교환학생을 통해 현지 문화에 익숙해질 수 있었다"며 "IT 관련 자격증을 취득하고 경험을 쌓은 뒤 합격할 수 있었다"고 말했다. 일본은 디지털 전환(DX)이 한창이어서 IT 인력 수요가 급증하고 있다.

올해 영국 런던에 있는 의료기기 스타트업에 취직한 김보경 씨(33)는 '늦깎이 취준생'이다. 글로벌 제약회사 한국지사에서 일하다가 런던으로 건너간 김씨는 어릴 때부터 영국에서의 직장생활을 꿈꿨다고 했다. 국내 외국계 회사에서 4년간 근무했지만 현지 취업은 쉽지 않았다. 200개 업체에 지원했고, 10번째 면접에서야 합격증을 받을 수 있었다. 그는 "한국인 선배들로부터 취직 정보 등을 얻으면 면접이 훨씬 쉬워진다"며 "현지 네트워크 확보를 게을리하지 말아야 한다"고 조언했다.

해외 취업에 성공한 MZ세대가 무엇보다 강조하는 것은 열정과 끈기다. 김미지 씨는 "뛰어난 스펙이 없기 때문에 열정과 끈기 외에는 보여줄 것이 없었다"고 했다. 싱가포르 국제학교 교직원으로 취업한 박유진 씨는 "한국에서 취직이 안 되기 때문에 현실 도피식으로 해외 취업을 준비한다면 좌절할 수밖에 없다"며 "한국에서 준비할 때보다 몇 배 더 노력해야 하고 고생한다는 점을 염두에 둬야 한다"고 강조했다. 스펙 위주의 채용이 덜하다는 것뿐이지 잠재 능력이나 소양을 보는 건 어느 나라나 비슷하다는 설명이다.

5

"'국가 면허' 하나로
미국 영주권 준비해요"

한겨레 김지윤 기자 2021.06.06.

연재 | 이 대학 이 학과

원광보건대 치기공과

20대인 최민정, 진소연 씨는 현재 미국 버지니아주의 '아트 덴탈 랩'(Art Dental lab)에서 일하고 있다. 1년 동안의 인턴 과정을 마친 뒤 현지 회사의 지원으로 영주권 취득도 준비하고 있다. 신분이 확실히 보장된 뒤

© 원광보건대 제공

부터 이들은 일에 더욱 몰입하며 미국에서의 '장밋빛 미래'를 그리고 있다. 학교에서 진행한 청해진(청년 해외 진출) 프로그램 덕분이라고 입을 모은다.

두 학생은 원광보건대학교 치기공과에 입학한 첫해부터 학교의 해

외 취업 채널을 통해 어학은 물론 치아와 관련된 이론과 실습 교육을 받았다. '국가가 보증하는 확실한 기술 하나면 평생 먹고사는 데 문제가 없다'는 생각으로 이 대학, 이 학과에 들어왔는데 정말 자신들이 꿈꾼 대로 이뤄지고 있어 신기하다고도 전했다.

대학 관계자는 "현재 12명의 연수생이 대사관 인터뷰 진행 뒤 출국 예정이다. 2019년 졸업생 2명, 2020년 졸업생 6명은 인턴 과정을 마치고 미국 유수의 산업체로부터 실력을 인정받아 모두 취업한 뒤 영주권 취득 진행 중"이라고 말했다.

재학 중은 물론 졸업 뒤에도 꾸준히 해외 취업 지원을 하고 있는 원광보건대는 전라북도 지역에서 유일하게 치기공과가 개설된 전문대학이다.

해외 치과기공 양성과정반을 지속적으로 운영하며 미국과 캐나다, 영국, 두바이 등에 취업할 수 있도록 적극 지원하고 있다. 학교 차원에서 영어 및 직무 관련 자체 프로그램을 개발해 교육하고 해외 치과기공소, 코트라(KOTRA), 각국 한인회 등과 교류하며 저학년 때부터 국가별 특성화 교육을 통해 장기 취업으로 이어질 수 있도록 한다.

해외 취업 외에도 진로는 다양하다. 한국보건의료인국가시험원에서 주관하는 면허증을 취득한 뒤 국내 취업을 하거나 일과 학습을 병행할 수 있는 야간과정 내 전공 심화 과정을 이수해 학사학위 취득은 물론 대학원 진학 기회가 열려있다.

원광보건대는 보건·의료 특성화 대학으로 1976년 개교 이래 치과기공사 국가고시에서 좋은 성적을 내왔다. 전북 지역에는 110여 곳의 치과기공소가 등록돼 있고, 대부분의 업체가 원광보건대 치기공과와 '가족회사'로 협약을 맺고 있어 이론과 실기 교육을 충실히 받은 뒤 졸업하게 된다.

2020년 대학정보공시에 발표된 취업률은 70.1%, 국가고시 합격률은 89.47%를 기록하고 최근 3년간 국가고시 합격률은 전체 응시자 평균보다 약 10.51% 높은 합격률을 유지하고 있다.

케이무브(K-MOVE) 스쿨 과정 등을 운영하며 해외 취업을 위한 연수생을 선발하고 세라믹, 캐드캠, 덴처 부문 등에서 해외 진출 경험이 있는 강사진이 정규 학부수업 이외에 700시간 이상의 강도 높은 교육을 실시하고 있다.

예비자 과정으로는 1, 2학년 재학생 가운데 희망자에 한해 동계, 하계 방학기간 동안 2~4주간 기숙형 영어 집중교육을 실시한다. 필리핀 세부에 있는 원광글로벌교육센터와 연계해 어학연수 프로그램도 진행한다. 학생들의 어학 능력을 빠르게 키워주기 위해서다. 해외 취업을 목표로 한 학생들에게 맞춤형 교육을 제공하는 만큼 이 대학 안에서도 인기가 좋다. 전문대학 글로벌 현장학습 사업인 '글로벌 현장실습' '해외인턴십' 등을 지원해 직무 이해도를 높이는 동시에 '글로벌 마인드'를 키워줘 재학생들의 만족도가 높다.

6

병이 내 마음까지 파고든 건 아니야

한겨레 문병하 목사(양주덕정감리교회) 2021.01.26.

ⓒ 픽사베이

어느 유명한 대학에 목발을 짚고 다니는 학생이 있었다. 그 학생은 아주 쾌활하며 동시에 낙관적이었다. 뿐만 아니라 공부도 잘해 많은 상을 타기도 했고, 동료 친구들로부터 존경을 받기까지 하였다. 그런데 어느 날 한 친구가 어떻게 해서 그러한 불구의 몸이 되었느냐고 물었다. 그는 웃으며 대답했다. "어려서 앓은 소아마비 때문에 그렇게 되었어." 친구는 조심스럽게 물었다. "그러면 자신감 있는 네 행동의 비밀을 말해줄 수 있겠니?" 그는 밝게 웃으며 대답했다. "별것 아니라구. 병이 내 마음까지 파고든 것은 아니었기 때문이지."

몸의 병이 문제가 아니라 마음의 병이 더 큰 문제입니다. 세상만사는 마음가짐에 따라 달라집니다. 유대인들은 자녀교육을 할 때 긍정적인 사고와 비전을 강조합니다. 그들은 성경에 등장하는 다윗 소년과 거인 골리앗의 싸움을 종종 인용합니다. "이스라엘 사람들은 골리앗을 물리치기에는 너무 큰 사람이라고 생각했다. 그들은 두려움에 떨며 감히 저항하지 못했다. 그러나 다윗은 돌팔매가 빗나가기에는 골리앗의 몸집이 너무 크다고 생각하며 물맷돌을 들었다."

의식의 출발점을 어떻게 잡느냐에 따라 전혀 다른 결과가 나타납니다. 부정적인 사람은 매사에 할 수 없다고 하고, 비판합니다. 그런데 이런 부정적인 사람의 영향을 받으면 같이 부정적으로 됩니다. 찰스 알렌(Charles Allen) 목사가 성공자들을 연구해 본 결과 다섯 가지 공통점을 가지고 있다고 했습니다. (1)다른 사람에게 관심을 갖는 것 (2)다른 사람을 비평하지 않는 것 (3)이득을 얻겠다는 생각을 버리는 것 (4)다른 사람의 장점을 보고 배우는 것 (5)대인 관계의 화평을 이루는 것이라고 했습니다.

지그지글러(Jigjigler) 박사는 100명의 백만장자들을 조사해 보니 공통점 두 가지가 있다고 했습니다. 첫째는 70%가 가난한 시골 출신이고, 둘째는 타인의 장점을 보는 눈을 가졌고 칭찬하기를 좋아하는 사람들이라는 것입니다. 세상에 단점만 있는 사람도 없고 장점만 있는 사람도 없습니다. 장단점은 누구에게나 있습니다. 무엇을 보느냐가 중요합니다. 함께하는 사람들끼리 서로 칭찬해 주고 위로해 주십시오. 부부간에도 "여보 참 수고했소" "당신 때문에 내가 있소", 아이들에게도 "너는 참으로 훌륭한 사람이 될 거야" 하고 하루에 한 번만 해 보십시오. 가정의 삶의 질이 바뀔 것입니다. 부부도 닮아갑니다. 그래서 부부 중에 한 사람이라도 긍정적인 사람이 되어야 합니다. 그런데 부부간의 관계에서는 긍정과 부정이 대립되는 경우가 많습니다.
그 경우에 긍정이 부정을 이기는 가정이 행복한 가정이 됩니다.

7

15세 소녀는 다친 아버지 자전거에
태우고 1,200km를 달렸다

조선일보 김동하 기자 2020.05.25.

인도 소녀, 필사의 '코로나 귀향'

아버지 실직하자 남은 돈 털어 자전거 구입

가진 건 물 한 병뿐…일주일 달려 고향 도착

이방카 "인내와 사랑의 아름다운 업적" 찬사

인도 사이클연맹 "연습생 입단 테스트 원해"

인도의 15세 소녀가 코로나 사태로 대중교통이 끊긴 상황에서 다리를 다친 아버지를 자전거에 태우고 1,200㎞ 떨어진 고향으로 돌아왔다. 도널드 트럼프 미국 대통령의 딸 이방카 트

이방카 트럼프가 "인내와 사랑의 아름다운 업적"이라고 15세 소녀를 칭찬했다. ⓒ 이방카 트럼프 트위터

럼프는 "인내와 사랑의 아름다운 업적"이라고 칭찬했고, 인도 사이클 연맹은 "입단 테스트를 받아보자"며 관심을 표명했다.

25일 AP통신 등에 따르면 수도 뉴델리 외곽 구르가온에 살던 조티 쿠마리(15)는 서민 교통수단인 오토릭샤(삼륜 택시)를 몰던 아버지가 코로나 여파로 실직하자 어머니가 있는 비하르주 다르방가로 귀향을 결심했다. 쿠마리는 "다른 선택의 여지가 없었다. 집세를 못 내니 집 주인이 나가라고 했다"며 "그대로 있었으면 아버지와 나는 굶어 죽었을 것"이라고 말했다.

쿠마리의 아버지는 교통사고로 왼쪽 다리를 쓸 수 없는 상태였다. 게다가 인도 정부가 코로나 확산 차단을 위해 지난 3월 말 국가 봉쇄령을 발령하면서 대중교통까지 끊긴 상황이었다. 귀향을 원하는 이주 노동자를 위한 특별 열차가 있었지만, 쿠마리는 열차표도 구하기 힘들었다.

쿠마리는 수중에 있는 돈 2,000루피(3만 3,000원)를 털어 중고 자전거를 샀다. 지난 10일 아버지를 뒤에 태우고 고향으로 출발했다. 가진 것은 물 한 병뿐이었다. 일주일간 자전거로 귀향하면서 단 한 차례만 트럭을 얻어 탈 수 있었고, 낯선 사람들에게 물과 음식을 얻어먹었다. 쿠마리는 빌린 휴대폰으로 어머니에게 전화를 걸어 "걱정하지 마, 아빠를 집으로 데려갈게"라며 안심시키기도 했다. 마침내 쿠마리와 아버지는 일주일의 여정 끝에 16일 고향에 도착할 수 있었다.

쿠마리는 "힘든 여정이었다"며 "내 목표는 단 한 가지, 집으로 돌아오는 것이었다"고 AP통신과 인터뷰에서 말했다. 쿠마리의 아버지 모한 파스완은 "고향에 정말 돌아올 수 있을 줄 몰랐다"며 "내 딸은 절대 포기하지 않았다. 용기가 있는 딸이 자랑스럽다"고 했다.

쿠마리의 '인간 승리'는 국제적으로 주목을 받았다. 이방카 트럼프는 지난 22일 트위터에 "인내와 사랑의 아름다운 업적은 인도 사람들과 사이클연맹을 사로잡았다"며 쿠마리 관련 기사를 올렸다.

인도 사이클연맹은 "쿠마리는 (사이클 선수를 할) 힘과 체력을 가지고 있을 것"이라며 국립 사이클 아카데미 연습생 입단 테스트를 하고 싶다고 나섰다. 다르방가 지방 정부는 쿠마리를 현지 학교 9학년에 입학시키고 새로운 자전거와 교복, 신발을 선물했다.

8

산에서 조난 뒤 '눈(雪) 동굴' 만들어
생존한 캐나다 10대

서울신문 송현서 기자 2021.01.20.

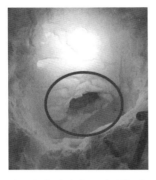

눈 덮인 산에서 조난당한 캐나다 10대 소년이 생존을 위해 직접 만든 눈 동굴의 입구

스노우 모빌(눈이나 얼음 위를 쉽게 달릴 수 있게 만든 차량)을 타고 나갔다가 길을 잃은 10대 소년이 기지를 발휘한 덕분에 무사히 위기에서 벗어났다.

CNN 등 해외 언론의 18일 보도에 따르면 캐나다 브리티시컬럼비아에 사는 17세 소년은 현지 시간으로 지난 16일 오후, 친구 및 가족들과 스노우 모빌을 즐기러 나갔다가 실종됐다. 당시 함께 나갔던 사람들은 모두 출발지로 돌아왔지만, 2시간이 지나도 소년은 돌아오지 않았고 결국 가족들은 구조대에 도움을 요청했다.

하룻밤이 지난 다음 날 구조대가 소년을 발견했을 때, 소년은 체온 보호를 위해 눈으로 동굴을 짓고 그 안에 대피해 있는 상태였다. 마치 이글루처럼 생긴 눈 동굴은 구조대가 올 때까지 잠시나마 체온을 유지하고 추운 바람을 피하는 데 결정적인 역할을 했다.

현지 구조대는 "조난당한 소년은 일행이 보이지 않게 되고 무언가 잘못됐다는 것을 깨달았을 때, 그가 할 수 있는 모든 것을 다 시도한 것으로 보인다"면서 "몇 차례나 조난 지역을 벗어나려 했지만 실패했고, 결국 주변에 있는 나무 아래에 눈 동굴을 짓고 그 안에서 밤새 구조대를 기다렸다"고 전했다.

이어 "구조대가 발견했던 당시, 소년이 대피했던 눈 동굴 안에는 아껴 마시던 물과 음식도 있었다"면서 "이는 소년이 오지나 극한의 환경에서 어떻게 생존해야 하는지를 잘 알고 있었다는 것을 의미한다"고 덧붙였다. 구조대에 의해 병원으로 옮겨진 소년은 건강에 큰 이상이 없는 것으로 알려졌다.

3장

창의력 · IT ·
4차 산업혁명 관련

창의력(創意力)을 사전적 의미로 '새로운 것을 생각해 내는 능력'이라고 정의하고 있습니다. 따라서 '우리 인간생활에 유익하거나 유용한 새로운 유형·무형의 가치를 생각해 내는 능력'이라고 말할 수 있겠습니다.

지금 이 지구촌에는 인공지능, 로봇, 사물인터넷, 빅데이터, 모바일 등 첨단 정보통신 기술이 기존 산업 및 서비스에 융합되어 혁신적인 변화가 나타나는 4차 산업혁명에 관한 경쟁이 치열합니다. 3장의 내용을 음미하면서 읽게 되면 청소년 여러분에게 잠재되어 있는 상상력과 사고력, 창의력을 키우게 될 것입니다.

기술개발·기술혁신을 통해 부가가치 높은 상품 및 서비스 개발, 첨단 과학기술 및 고급 문화상품을 개발하여 수출함으로써 우리나라 경제발전에 큰 도움이 됩니다. 지속적인 국가 발전을 위해서는 과학기술 발전에 몰입해야 하겠지만 그렇다고 정신세계를 간과해서는 안 될 것입니다.

4차 산업의 진정한 승패는 미래세대 청소년 여러분의 창업정신·창의력에서 발아되어 그 발전 과정에서 물질문명과 정신문화가 어느 정도 조화를 이루었느냐에 따라 크게 좌우될 것입니다. 역사책·역사 관련 서적을 읽으면 상상력과 사고력, 창의력을 기를 수 있고, 미래를 보는 눈을 키울 수 있다고 합니다.

1

과학과 인문학이 만날 때⋯
창의력은 폭발한다

동아일보 이호재 기자 2021.01.16.

퓰리처상 수상한 하버드대 교수

창의성 원천으로 '인문학' 주목

"과학은 예측 가능한 현실 탐구, 인문학은 환상의 세계까지 다뤄

두 가지 융합할 때 창의력 확장"

'창의성이 경쟁력'이라는 말도 옛말이 된 시대다. 창의성은 이미 경쟁력이 아닌 필수가 돼 버렸다. 애플 아이폰으로 정보기술(IT) 업계에 혁신을 불러온 스티브 잡스, 페이스북으로 사람을 잇는 새로운 방법을 제시한 마크 저커버그, 테슬라 전기자동차와 스페이스X 우주선으로 이동 산업을 뒤흔드는 일론 머스크 등의 남다른 창의성에 세계는 감탄한다. 저들이 어떻게 창의성을 키웠는지 관심을 기울이고 자녀를 그렇게 키우고 싶어 하는 부모도 많다.

미 하버드대 교수이자 퓰리처상을 2번이나 받은 저자는 창의성은 어디서 오고, 어떻게 발휘될 수 있는지를 파헤친다. 이를 통해 아직도 미지의 세계에 남아 있는 창의력을 확장하자는 것이다. "바야흐로

제3차 계몽시대를 열고 있다"는 추천사처럼 저자는 창의성이 인간을 계몽할 수 있는 유일한 방법이라 역설한다.

저자가 창의성의 뿌리로 주목하는 건 '인문학'이다. 인문학처럼 무엇인가를 해석하는 능력이 인간을 '동물'에서 해방시켜 인간으로 만드는 근원이라는 것이다. 예를 들면 원숭이는 한 개체가 고구마를 물에 씻는 모습을 본 뒤 그대로 따라하지만 인간은 언어로 이를 전달한다. 소설가 마르셀 프루스트(1871~1922)의 문장은 자연현상을 그대로 전달하는 것이 아니라 복합적인 감정을 표현하는 데 이른다.

그러나 인문학은 힘을 잃어가고 있다는 게 저자의 생각이다.
STEM(과학, 기술, 공학, 수학) 같은 분야에 밀려 연구 지원금이 줄고 일자리 경쟁에서도 밀린다는 것이다. 대안으로 저자는 인문학이 과학에 조금 더 개방적이 되어야 한다고 주장한다. 과학이 세상 만물의 궁극적 원인을 찾으려고 애쓰면서 세상이 발달했지만 인문학은 이를 응용하기 위해 노력하지 않았다고 지적한다. 생물학의 틀을 넘어 다양한 영역에서 창의적으로 활용되고 있는 다윈의 진화론처럼 과학을 이용할 필요가 있다고 조언한다.

저자는 구체적으로 고생물학, 인류학, 심리학, 진화생물학, 신경생물학 등 '빅 파이브(Big Five)'를 "인문학의 우군"으로 삼아야 한다고 주장한다. 빅 파이브가 "자연 선택이 구석구석까지 프로그래밍해" 온 인간의 생물학적 본질을 밝혀 준다는 것. 인문학의 토대인 인간 본성과 인간 조건을 해명할 열쇠가 될 것이라고 단언한다.

이 주장은 과학만이 유일한 진리라는 '과학 제국주의'로 경도되지는 않는다. 과학적 사실을 판단하는 역할을 인문학이 해야 하기 때문이다. "과학이 인문학의 토대가 된다면, 인문학의 범위가 더 넓어진다"며 "과학 이론이 상상할 수 있는 모든 현실 세계를 다루지만, 인문학은 한 걸음 더 나아가 무한히 많은 모든 환상 세계까지 다룬다"고 한다.

인문학과 과학이 융합되면 창의성이 이상적으로 발휘된다는 게 저자의 설명이다. 과학의 발달로 우주 탐사가 이뤄지자 각종 SF 소설과 우주 영화가 쏟아져 나왔다. 예술작품을 보고 영감을 받은 이들이 다시 과학자가 돼 우주를 연구한다. 예술작품이 내놓은 가설을 과학적 방법으로 증명해 내기도 한다. 이를 통해 새로운 계몽운동이 가능할 것이라고 결론을 맺는다. "과학과 인문학의 관계는 철저히 호혜적"이라며 "과학이 인문학의 토대가 된다면 인문학의 범위가 더 넓어진다"고 역설한다. 과학이 죽어가는 인문학에 숨결을 불어넣을 수 있을까.

2

중소기업 성장 디딤돌, 소외계층 버팀목…
GS의 건전한 기업시민 역할

한국일보 김청환 기자 2024.04.24.

홈쇼핑 무상 판매방송…중소기업 판로 개척

방과 후 돌봄교실 리모델링, 지역사회 공헌

허태수 회장 "건전한 기업시민 역할, 지속가능 성장"

(편집자주) 세계 모든 기업에 환경(E), 사회(S), 지배구조(G)는 어느덧 피할 수 없는 필수 덕목이 됐습니다. 한국일보가 후원하는 대한민국 대표 클린리더스 클럽 기업들의 다양한 ESG 활동을 심도 있게 소개합니다.

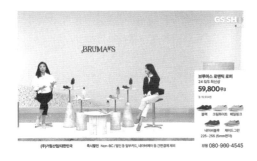

TV 홈쇼핑 채널인 GS숍에서 2월 중소기업인 거림산업의 신발 '브루마스' 판매방송을 하고 있다. ⓒ GS리테일 제공

신발 제조 중소기업인 거림산업은 2019년 8월부터 GS리테일이 운영하는 TV 홈쇼핑 채널 GS숍에서 제품 판매방송을 했다. 정규 방송에 쇼 호스트가 출연해 거림산업이 만든

운동화, 구두 등을 판매하는 방송을 한 것이다. 그해 거림산업의 신발 판매방송은 GS숍에서 총 13회 송출됐다.

놀랍게도 당시 거림산업은 GS숍에 수수료를 내지 않았다. GS숍을 운영하는 GS리테일이 2012년부터 거림산업과 같은 중소기업의 판로 지원을 위해 무상으로 판매방송에 나갈 수 있는 기회를 제공한 덕이다. GS숍은 12년 전 이 같은 '아이러브 중소기업' 프로그램을 시작해 매일 1분짜리 홍보 영상을 하루 3회 내보냈다. 이듬해부터는 매일 오전 5시 30분부터 30분 동안 미리 심사를 통해 추린 중소기업 제품 판매방송을 수수료를 받지 않고 진행하고 있다.

품질에 자신은 있었지만 어떻게 해야 잘 팔 수 있을지 고민이 많았던 거림산업에 이 같은 도움은 판로 확보에 큰 힘이 됐다. 이 회사 신발은 2019년 판매 방송에서 예상 판매량을 68% 뛰어넘는 판매고를 올리는 등 성장세를 보이기 시작했다. 거림산업은 2020년 4월부터는 당당히 수수료를 내고 GS숍에서 판매방송을 하기 시작했고 거림산업의 '브루마스' 신발은 2021, 2022년 'GS숍 연간 히트상품 톱10' 가운데 8위를 기록할 정도로 성장했다. 지난해에는 GS숍 운동화 부문 메가히트 상품에도 뽑혔다.

GS리테일로부터 이 같은 도움을 받아 성장한 중소기업은 거림산업 뿐만이 아니다. GS숍이 중소기업에 무상 제공한 판매방송 매출액은 2012년 이후 지난해까지 11년 동안 누적 450억 원에 이른다. 이같이 중소기업을 돕는 환경·사회·지배구조(ESG) 경영은 대기업에도 이득이란 설명이다. "중소기업의 좋은 상품을 발굴해 소비자들에게 소개하면 그만큼 고객의 저변을 넓히는 데 도움이 된다"는 것이다.

돌봄교실에 새 소파, 에어컨이…

지난달 GS건설의 지원으로 지난달 리모델링을 완료한 서울 중랑구 면남초등학교 내 돌봄교실 전경. 놀이 공간을 새롭게 만들고 시스템 에어컨을 설치했다.ⓒ GS건설 제공

GS그룹은 중소기업뿐 아니라 지역사회와 '상생'하는 ESG 경영도 공을 들이고 있다. 특히 지난해부터 서울시교육청, 초록우산어린이재단이 주관하는 초등학교 돌봄교실 리모델링 사업에서 주도적 역할을 하고 있다. 돌봄교실이란 학내에 따로 마련한 교실에서 방과 후 일터에 나가 있는 부모를 대신해 돌봄전담사가 어린이를 돌봐주는 공간을 말한다.

GS건설이 초등학교 돌봄교실을 리모델링해 '즐거운 돌봄교실'이란 이름이 붙은 곳은 지금까지 두 곳이다. 지난해 서울 은평구 수색초등학교, 올해 3월 서울 중랑구 면남초등학교에서 이 같은 공사를 벌였다. GS건설이 비용을 직접 부담해 돌봄교실에 소파, 책상을 들여놓고 싱크대, 냉장고, 에어컨도 설치한 것이다. 이 회사는 올해 면남초교를 포함해 총 4개 서울 시내 초등학교 돌봄교실을 탈바꿈시킬 계획이다.

김치 나눔에 진심인 GS그룹

에너지·건설과 함께 유통이 주력 사업인 GS그룹은 소외계층과의 김치 나눔에도 진심이다. 김치를 사서 전달하는 것뿐 아니라, 임직원이 직접 김장을 담가 주기도 한다. GS건설은 지난해 11월 25일 서울 종로구 GS건설 본

GS건설 임직원과 가족들이 지난해 11월 25일 서울 종로구 GS건설 본사 사원식당에서 열린 '김치 투게더' 행사에서 김장을 담그고 있다.ⓒ GS건설 제공

사 사원식당에서 임직원 30여 명, 임직원 가족 등 총 100여 명이 모여 김장을 했다. 이 회사는 '김치 투게더'로 이름 붙인 이날 행사에서 담근 김치 10kg 60상자를 포함해 총 2,467상자를 저소득층 가정에 전달했다. 중증장애아동 보육시설 등 사회 소외계층 거주시설 2곳, 지역아동센터 26곳 등 총 2,467가구에 김치가 전달됐다. GS건설은 2009년부터 남촌재단과 연말 김치 나눔 행사를 해왔다. 이 재단은 2006년 12월 허창수 GS그룹 명예회장이 기업 이윤의 사회 환원을 목적으로 사재를 출연해 설립했다. 재단은 사회 소외계층이 스스로 일어설 수 있게 주춧돌 역할을 하자는 목적으로 갖가지 사회공헌 사업을 펼치고 있다.

GS파워도 매년 김치를 이웃과 나누고 있다. GS파워는 지난해 11월 경기 부천시 부천오정동복지협의체에 김치 300상자를 전달한 것

을 시작으로 같은 해 부천열병합발전소 주변 지역 소외계층에게 총 1,245상자의 김치를 보냈다. 시민단체(열린낙원), 신흥마을자치회, 역대마을자치회 등과도 김치를 나눴다. 이 회사는 같은 달 부천 지역 복지기관, 봉사 단체를 통해 취약 계층 800가구에 김치를 전달하기도 했다. GS칼텍스도 김장 나눔 등 소외된 이웃을 위한 연말 릴레이 봉사활동을 2005년부터 19년째 하고 있다.

　중소기업, 지역사회, 소외계층을 대상으로 한 이같은 활동에는 '상생'을 강조하는 GS그룹의 ESG 경영 철학이 담겨 있다. 2020년 취임한 허태수 GS그룹 회장은 "기업의 투명성 없이는 시장의 신뢰를 얻을 수 없으며 시장의 신뢰 없이는 기업이 유지 발전될 수 없다"고 말했다. 그는 "GS는 출범 이후 경영 투명성을 강화하고 고용창출, 사회공헌, 동반성장을 위한 다양한 활동을 통해 기업의 사회적 역할을 충실히 수행해 왔다"며 "앞으로도 GS는 건전한 기업 시민의 역할과 책임을 다해 지속 가능한 성장을 추구할 것"이라고 밝혔다.

3

'사람·자연 함께하는 미래 첨단도시'…
용인 도시계획 목표

뉴시스 이준구 기자 2024.04.06.

시민계획단, 6일 4차 토론회…공식활동 마쳐

6일 용인특례시청 컨벤션홀에서 열린 '2040년 용인도시기본계획' 수립을 위한 시민계획단의 토론회 참석자들 ⓒ 용인시 제공

용인특례시는 '2040년 용인도시기본계획' 수립에 시민들의 의견을 반영하기 위해 구성한 시민계획단의 공식활동이 6일 4차 토론회를 마지막으로 마무리됐다고 밝혔다.

지난달 16일 위촉장 수여식과 함께 첫 토론회를 시작한 시민계획단은 그동안 4차례에 걸친 토론회를 통해 도출한 도시 발전 방안 의견을 종합해 6일 시에 전달했다.

100명으로 구성된 시민계획단은 ▲도시·주택 ▲산업·경제 ▲문화·관광 ▲교통·안전 ▲환경·녹지 ▲교육·복지 등 총 6개 분과로 나눠 분과별 토론을 진행해 왔다. 각 분과는 용인의 발전과 미래상에 대해 논의하면서 시의 '2040년 용인도시기본계획'의 완성도를 높이는 데 도움이 될 의견들을 제시했다.

마지막 토론회에서 시민계획단은 '사람과 자연이 함께하는 미래 첨단도시, 용인'을 비전으로 제시하고, 4주 동안의 토론회에서 공감대를 형성한 시 발전 구상들을 시에 전달했다.

시는 시민 입장에서 제안된 의견들을 '2040년 용인도시기본계획(안)'에 반영하고, 용인시의회의 의견 청취, 용인시 도시계획위원회 자문 등을 거쳐 계획을 확정한 뒤 오는 12월 경기도에 승인 신청을 할 예정이다.

시민계획단이 설정한 '사람과 자연이 함께하는 미래 첨단도시, 용인'은 용인특례시가 반도체산업을 포함해 여러 첨단산업 분야에서 선도도시가 되고, 주거·교통·교육·문화·체육·복지 등의 부문에서도 질적 성장을 이루는 환경친화적 스마트 도시로 발전하는 길을 걷자는 희망을 담은 것이다.

시민계획단은 이 목표를 실현하기 위해 6개 분과별 주제를 바탕으로 세부 계획을 마련했다.

도시·주택 분야에서는 반도체산업과 자연을 활용한 특색있는 도시, 사람과 지역의 특성을 살린 다양한 주택공급 방안 등이 나왔다. 산업·경제 분야에서는 산업단지 확대를 고려한 광역개발 수립과 반도체산업 전문인력 양성을 위한 여러 아이디어가 제시됐다.

문화·관광 분야에서는 지역의 문화 콘텐츠 발굴과 인프라 확충, 지역의 과거와 미래를 아우르는 관광자원 활용 방안이 나왔고, 교통·안전 분야에서는 지역의 대중교통과 도로망 확충, GTX, SRT 등 철도망과 플랫폼시티 연계 방안이 제출됐다.

환경·녹지 분야에서는 수변공간의 수질 개선과 여가 활용, 용인을 대표할 수 있는 공원 조성의 필요성을 담은 내용이 제안됐다. 교육·복지 분야에서는 개인과 사회가 지속 발전하는 도시 구현, 아이부터 노인을 아우르는 교육프로그램 확대, 평등한 복지를 위한 복지시설 확충 등의 의견이 나왔다.

이상일 시장은 "시민계획단이 제시한 내용 중 SRT 구성역과 컨벤션센터 등의 복합시설 조성 의견이 있는데 시는 이미 이 같은 구상을 해서 실현하는 방안을 추진하고 있다"고 설명했다.

김형선 시민계획단 2분과장은 "110만 시민을 위해 용인특례시는 사람과 함께 자연과 함께 어우러진 계획이 반영될 필요가 있다고 생각한다"며 "시민계획단이 제시한 '사람과 자연이 함께하는 미래첨단도시 용인'은 모든 시민이 행복한 용인을 만들기 위한 뜻이 담겨 있다"고 설명했다.

4

아침 운동 학생 72% "계속 하고 싶다"… 수업 때 자는 학생도 줄어

조선일보 윤상진 기자 2024.03.02.

입맛 좋아져 급식 잔반량 감소

'0교시 아침 운동'은 부산교육청이 작년 '아침 체인지(體仁智)'란 이름으로 시작했다. 애초 50개 학교 참여를 목표로 했지만 인기를 끌면서 부산시 전체 초·중·고 630곳 가운데 454곳(72%)이 동참하고 있다. "우리 학교는 왜 아침 운동을 하지 않느냐"는 학부모 요청에 아침 운동을 시작한 학교도 적지 않다.

학생들 반응은 긍정적이다. 부산교육청이 아침 운동에 참여한 초·중·고 학생 1,507명을 대상으로 설문조사를 한 결과, 학생 69%(1,043명)가 "아침 운동이 필요하다"고 답했다. "아침 운동에 계속 참가하고 싶다"고 응답한 학생도 72%(1087명)에 달했다. 부산교육청 관계자는 "운동으로 하루를 시작하니 점심시간에 입맛이 돈다는 학생이 많아졌다"며 "아침 운동을 하는 학교에선 공통적으로 급식 잔반량이 줄었다"고 했다.

교사들은 "아침 운동을 하더니 수업 시간에 자는 아이들도 감소했다"는 반응을 보였다. 학생들이 함께 체육을 하면서 대화를 더 많이 나누는 것도 교실 변화로 꼽힌다. 다만 아침 운동을 지도할 인력이 부족하고, 20~30분 안팎의 운동 시간은 효과를 보기에 짧다는 지적도 했다.

미국·영국 등은 저학년일수록 체육 과목을 중시하고, 고등학생이 되더라도 스포츠를 활발하게 즐긴다. 반면 우리나라는 '운동 부족' 학생 비율이 세계에서 가장 높은 수준이다. 세계보건기구(WHO)에 따르면 한국 11~17세 학생 중 '하루 1시간 중간 이상의 신체 활동을 하지 않는다'는 학생 비율이 94.2%에 달한다. 코로나 시기를 거치면서 우리 학생들의 신체·정신 건강이 이전보다 더 나빠졌다는 분석도 나온다.

최근 교육부는 초등 5학년부터 고등 3학년까지 매년 한 번 실시하던 '학생 건강 체력 평가(PAPS·팝스)' 대상을 초등 3학년으로 확대하기로 했다. 주말 체육 학교나 스포츠 리그 등 체육 활동에 참가할 기회도 늘릴 방침이다. 교육 전문가들은 "우리나라 학생들이 성적 위주의 입시 경쟁으로 '학원 뺑뺑이'에 내몰리면서 운동을 뒤로 미루고 있다"며 "이런 상황에서 0교시 아침 운동은 학생들의 신체는 물론 정신 건강에도 도움이 될 것"이라고 했다.

5

친구들과 걷기·플래시몹…
전국 학생 아침을 깨운다

조선일보 윤상진 기자 2024.03.02.

부산 '0교시 아침 운동' 확산

부산에서 시작된 '아침 체인지' 부산 해운대구 센텀초등학교 강당에서
지난해 2월 학생들이 아침 체육 활동을 하고 있는 모습. 부산교육청이
수업 전 0교시 아침 운동을 지난해 가장 먼저 도입한 데 이어, 이달 새
학기부터는 다른 시도 교육청도 이를 실시한다. ⓒ 김동환 기자

'0교시 아침 운동'이 올해 새 학기부터 전국 17개 시도교육청으로
확대된다. 작년 부산교육청에서 시작한 아침 운동이 호평을 얻으면
서 전국으로 퍼진 것이다. 전국 교육감들은 지난달 말 시도교육감협
의회에서 아침 운동을 활성화하기로 뜻을 모은 것으로 1일 확인됐다.
이에 따라 필라테스, 플래시몹, 웨이트트레이닝 등 교육청별로 준비한 체육 프로그램이 전국 초·중·고에서 시작한다. '운동시키는 정신과 의사'로 알려진 존 레이티 하버드대 정신의학과 교수는 학생 체육에 대해 "운동할 때 나오는 (호르몬인) 세로토닌과 도파민이 학생들의 불안감을 줄이는 데 도움이 된다"며 "이런 호르몬들은 뇌를 조절하는 통제력을 길러줘 소위 '문제아' 학생들의 폭력성을 줄이는 데도 기여한다"고 말했다.

서울 초등학교에선 학교 운동장이나 강당을 걸으며 아침 잠에서 몸을 깨우는 '맨발 걷기'를 시작한다. 중·고교에선 아침 시간을 이용해 농구·축구·배드민턴 등 종목별 스포츠 활동을 하고, 학교 스포츠 클럽 참여와도 연계한다는 계획이다. 코로나 이후 줄어든 학생들 간 대면 소통을 체육 활동을 통해 늘리겠다는 의도도 있다. 부산은 지난해 '아침 체인지 (體仁智)'라는 이름으로 0교시 아침 운동을 처음 시작했다. 올해 새 학기에는 학생이 일주일에 5번까지 아침 운동에 참여하도록 운동 프로그램을 다양화하기로 했다. 작년 5억여 원이던 프로그램 운영비는 올해 5배가량인 25억원으로 늘렸다. 달리기와 스트레칭과 같은 맨몸 운동

시도교육청별 아침 운동 추진 계획

서울	'1학생 1학교 스포츠클럽'·틈틈체육 프로젝트 추진
부산	바둑·양궁·펜싱 등 스포츠클럽 활동, 1교시를 체육시간으로 편성해 아침 운동과 연계
경기	아침 태권도·아침 시간을 이용한 학교 스포츠클럽 리그
울산	'틈틈짬짬 운동' 아침 외 점심·방과후에도 스포츠 활동
제주	플래시몹 안무 보급, '신체 활동 미션' 프로그램 배포
경남	'여학생 체육활성화 선도학교' 지원, 종목별 스포츠클럽 운영
충남	'1학생 2종목 자율체육활동', 초등 육상 축제 개최

※17개 시도교육청 모두 추진. 학교별·교육청별 자체 계획 수립

ⓒ 그래픽=이철원

뿐 아니라 웨이트트레이닝과 필라테스 등도 할 수 있게 지원한다.

울산은 아침뿐 아니라 점심시간과 방과 후에도 체육 활동을 할 수 있도록 '틈틈짬짬 운동' 프로그램을 시작한다. 체력 교실과 운동 동아리 참여를 틈틈이 할 수 있도록 9억 원을 들여 학교 31곳의 체육 시설을 개선한다. 경기교육청은 '오아시스(오늘 아침 시작은 스포츠로)' 아침 운동을 도입한다. 아침마다 태권도와 종목별 스포츠 동아리 활동을 시작할 계획이다.

학급 친구들과 함께 체조·안무로 아침을 여는 학교들도 생긴다. 충북은 아침 운동 프로그램 외에도 '함께해유' 프로그램을 개발했다. 맨손체조 영상 3편(교실형, 체육관형, 댄스형 체조)을 보급한다. '건강해유' 프로그램을 통해 학교별로 저체력·비만 학생을 위한 웨이트트레이닝과 등산 활동 등을 운영하기로 했다. 제주는 학생들끼리 군무를 추는 플래시몹을 활용하기로 했다. 공모전을 통해 선정한 플래시몹 안무를 학교에 보급해 활용하겠다는 것이다.

최근 우리 학생들의 신체·정신 건강은 계속 악화하고 있다. 코로나 시기 운동 기회가 감소한 것도 원인으로 꼽힌다. 전국 초·중·고교 학생들의 신체 상태를 파악하려고 매년 실시하는 '학생 건강 체력 평가(PAPS·팝스)' 결과만 보더라도, 가장 낮은 등급인 4·5등급 비율이 2019년 12.2%에서 2022년 16.6%로 늘었다. 같은 기간 과체중·비만 학생 비율도 25.8%에서 30.5%로 증가했다. 신체 활동이 부족하면 우울감이나 불안감, 폭력성도 커질 수 있다. 최근 정신과 치료를 받은 1020세대 비율이 증가하는 추세다. 국민건강보험공단에 따르면, 2017년 정신과 입원 환자 중 1020세대 비율은 14.6%(1만 3,303명)였는데 2022년 22.2%(1만 6,819명)로 10%포인트 가까이 증가했다.

교육부도 학생 체육을 늘리고 있다. 현재 초등학교 1~2학년 학생의 2년간 체육 시간은 80시간인데 144시간으로 확대한다. 교육과정에 '체육' 과목도 새로 만들기로 했다. 중학생의 학교 스포츠 클럽 활동 시간은 102시간에서 36시간으로 30%가량 늘린다. 고교생도 고교 학점제를 시행하는 2025년부터 체육 과목으로 10학점을 이수해야 한다.

6

서울시, 예비 부모 3만 8,000명에 '책꾸러미' 선물

동아일보 이채완 기자 2024.03.08.

육아 정보서 등 4권 증정
'서울시 맘케어'로 신청 가능

서울시가 올해 예비 부모 3만 8,000명에게 '책 꾸러미'를 선물한다. 시는 '엄마북돋움' 사업의 일환으로 엄마·아빠 책 1권, 우리 아이 첫 책 2권, 서울시 육아 정책정보 1권 등이 담긴 '책 꾸러미'를 서울지역 예비 부모들에게 전달할 예정이라고 7일 밝혔다. 앞서 시는 도서 선정위원회의 추천과 시민 투표를 바탕으로 예비 부모의 양육을 돕고 아이와의 소통에 도움이 되는 책 10종을 선정했다.

시가 엄마북돋움 사업을 추진하는 배경에는 인생의 시작을 책으로 축하하며 온 가족이 함께 책 읽는 독서문화를 만들자는 취지가 녹아 있다. 신청 방법도 편리해 예비 부모 누구나 '서울시 맘케어(임산부 교통비)' 시스템에서 온라인으로 책 꾸러미를 신청하면 집까지 택배로 배송받을 수 있다. 신청과 관련된 자세한 내용은 '서울 맘케어 시스템' 누리집, '서울도서관' 누리집에서 확인할 수 있다.

한편 시는 책 제공뿐만 아니라 25개 자치구 공공도서관과 연계한 다양한 독서 프로그램도 개최할 예정이다. 5월에는 서울야외도서관 '책 읽는 서울광장'에서 현장 이벤트도 개최한다. 최경주 서울시 문화본부장은 "앞으로도 독서문화 활성화를 통해 모든 시민이 책을 통해 행복한 일상을 누릴 수 있도록 하는 다양한 정책을 펼치겠다"고 말했다.

KB금융,
체험하는 늘봄학교 프로그램 눈길

이데일리 정두리 기자 2024.04.08.

분당 수내초에서 '늘봄학교 샌드아트 체험 수업' 진행

KB금융그룹은 지난 5일 경기도 성남시 분당구 수내초등학교에서 KB
금융 직원이 함께하는 '늘봄학교 샌드아트 체험 수업'을 진행했다. 이
날 체험학습에서 샌드아트 전문강사가 강의하고 있다. ⓒ 사진=KB금융

KB금융그룹은 지난 5일 경기도 성남시 분당구 수내초등학교에서
KB금융 직원이 함께하는 '늘봄학교 샌드아트 체험 수업'을 진행했다
고 8일 밝혔다.

이날 체험 수업에서 샌드아트 전문강사와 KB금융 직원은 '늘봄학
교'를 이용하고 있는 1학년 학생들을 대상으로 빛과 모래를 이용해 전

하고 싶은 이야기를 표현해 보는 샌드아트 체험 시간을 가졌다. 늘봄학교 프로그램에 참여한 한 초등학생은 "친구들과 함께 반짝반짝 빛나는 모래 위에서 그림을 그리는 것은 너무 즐거웠다"며 "앞으로도 자주 이런 수업이 있었으면 좋겠다"고 말했다.

KB금융은 늘봄학교 프로그램의 질을 높이기 위해 경제금융교육뿐 아니라 체육활동과 문화·예술 활동까지 지원 범위를 확대하고 있다. KB금융 관계자는 "심각해진 우리나라의 저출생 문제는 기업이 일과 가정을 양립할 수 있는 육아 환경 조성에 앞장설 때 극복할 수 있다"면서 "KB금융은 늘봄학교에 대한 지원과 더불어 KB국민은행의 '재채용 조건부 육아퇴직 제도'와 같은 사내제도의 개선을 통해 아이를 낳고 키우기 좋은 세상을 만드는 데 최선을 다하고 있다"고 말했다.

한편 KB금융은 저출생 문제를 해결하고자 교육부와 2018년부터 협력해 왔다. 지난해부터 '거점형 늘봄센터' 확대에 역량을 집중해 올해 인천의 '서부 거점형 늘봄센터', 제주 아라초와 서귀포 동홍초의 '꿈낭 초등주말돌봄센터'가 문을 열었고 경제금융교육, 스포츠 재능기부 등 다양한 프로그램을 통해 늘봄학교 정책이 현장에 안착되고 확산되는 데 기여하고 있다.

8

"살려줘!"…
홀몸 노인 다급한 외침 알아들은 '돌봄 로봇'

KBS 백상현 기자 2024.01.26.

집 안에 설치된 돌봄 로봇 AI
스피커와 생활 감지 센서

"살려줘!" 외침 알아들은 로봇…목숨 구해

지병이 있던 한 70대 할아버지가 갑자기 쓰러진 건 지난 20일입니다. 대전 동구의 한 임대 아파트에 살고 있는 이 할아버지는 협심증과 뇌 질환 증세로 쓰러졌습니다. 쓰러진 할아버지는 살려달라고 외치며 구조 요청을 했지만 혼자 살고 있어 주변에 도움을 줄 사람이 없었습니다.

그때 할아버지의 외침을 들은 건 '돌봄 로봇' AI 스피커였습니다. 위급 상황을 인지한 로봇은 즉시 통신사 관제센터를 연결했습니다. 관제센터는 할아버지와 대화를 시도했고, 말이 어눌하고 상태가 좋지 않다는 사실을 알게 됐습니다. 센터는 119구조대에 도움이 필요한 할아버지가 있다는 사실을 알렸습니다.

119구조대가 출동해 보니 할아버지는 쓰러지며 머리를 부딪쳐 출혈까지 있는 상태였습니다. 지병은 물론 외상까지 생긴 건데, 119구조대가 일찍 도착하지 않았다면 자칫 더 위험한 상황에 빠질 수 있었던 겁니다. 구조대가 지혈을 하고, 응급처치까지 마쳐 다행히 할아버지는 생명을 구했습니다.

전방 5미터 호흡·심박·체온 측정

돌봄 로봇은 AI 스피커와 생활감지 고도화 센서로 구성됩니다. 스피커는 사람 말을 알아들으며 위급 상황에 대응하거나 정서를 돌보는 역할을 합니다. 센서는 전방 5미터 안 사람의 호흡과 심박수, 체온을 측정하고 활동을 감지하며 재실 여부를 확인합니다.

대전도시공사는 고독사 예방을 위해 관리 중인 임대아파트에 돌봄 로봇 서비스를 제공하고 있습니다. 지난해 하반기부터 지금까지 42대를 설치했습니다. 주로 혼자 살며 지병이 있는 사람들입니다.

공사 관계자는 "영구 임대아파트 입주민 중에는 고령의 어르신이나 사회 소외계층이 많아 고독사 위험성이 크다"며 "고독사 예방과 건강관리를 위한 돌봄 로봇 서비스를 제공하고 서비스 대상을 확대해 나가겠다"고 밝혔습니다.

"하늘 나는 미래 교통수단"
KT, UAM '띄웠다'

헤럴드경제 바르셀로나=이영기 기자 2024.02.26.

MWC 2024서 운항 시뮬레이션
안전성 확보, 대중화 신기술 기대

KT 전시장을 찾은 관람객들이 도심항공교통 (UAM) 서비스를 체험하고 있다. ⓒ KT 제공

KT가 미래 통신 기술의 각축전 '모바일 월드 콩그레스(MWC) 2024'에서 미래 교통수단의 대중화를 앞당길 기술을 내놓았다.

KT는 26일(현지시간) 스페인 바르셀로나에서 개막한 MWC 2024에서 국내 도심항공교통(UAM)의 안전성을 확보해 대중화를 앞당길 신기술을 선보였다고 밝혔다. UAM은 도심 교통 체증을 해결할 미래 교통수단으로 주목받는 기술이다. 주목받는 만큼 안전성 확보도 큰 숙제로 남아 있다. 이에 KT는 안전한 UAM 운항을 위해 차별화된 교통관리시스템과 항공망 관련 기술을 개발했다.

KT 지능형 UAM 교통관리시스템(UATM)은 교통에 디지털 트윈을 접목한 'UAM 교통 트윈(Twin)' 기술을 활용한다. UAM 교통 트윈 기술은 현실의 UAM 운항 상황을 디지털 환경에서 시뮬레이션할 수 있게 해준다. 데이터 분석과 시뮬레이션을 통해 UAM 운항의 안전을 강화한다는 것이 KT의 설명이다.

먼저 KT UATM은 최적 경로를 제시한다. KT는 도심의 고층빌딩, 비행금지구역, 유동 인구 등 데이터를 종합 고려해 최적의 경로를 찾는 알고리즘을 확보했다. 공군사관학교와 협력해 비행 데이터를 공유하고 숙련된 조종사의 가상 비행을 거치며 운항 난이도와 안전성을 검증했다.

또 비행 승인 단계에서 UAM 교통 트윈은 위험 상황을 예측해 사고 발생 위험을 낮춘다. UAM 교통 트윈은 운항사가 제출한 비행 계획을 실시간 시뮬레이션으로 분석할 결과를 토대로 최적의 환경 제시한다. 비행 중에 응급 환자, 돌풍 등 비상 상황의 경우에는 119 등 응급 관리 체계, 운항사, 이착륙 지점에 신속하게 상황을 알린다.

이번 전시에서 KT는 UAM에 안정적인 통신 서비스를 제공하기 위한 기술 '스카이패스(Skypath)'도 선보였다. 스카이패스는 UAM 비행 경로에 5G 항공 통신 서비스를 제공한다.

KT는 스카이패스와 함께 5G와 위성 통신을 동시에 연결하는 '5G-위성 듀얼 링크(Dual-link)' 기술도 선보였다.

10

'AI 윤리' 전문가
"AI보다 인간의 어리석음이 더 걱정"

동아일보 김보라 기자 2024.01.21.

"인공지능(AI)의 오남용 위험보다 이를 불순한 목적으로 사용하려는 인간의 어리석음이 더 걱정된다"

AI의 윤리 문제를 둘러싼 전 세계적 관심이 높아지고 있는 가운데 신과 인간의 가교 역할을 하며 현실 윤리를 탐구하는 가톨릭 성직자가 AI 윤리 전략에 관해 각국 정·재계 지도자에게 조언하고 있어 관심을 끈다. 바로 이탈리아 총리실 산하 AI 태스크포스(TF)에서 활동하고 있는 파올로 베난티 프란치스코 수도회 수사(50·사진)다.

그는 18일 조르자 멜로니 이탈리아 총리와 빌 게이츠 미국 마이크로소프트(MS) 창업자의 회담에 배석해 AI에 관한 각종 조언을 했다. 지난해 바티칸에서 열린 프란치스코 교황과 브래드 스미스 MS 회장의 만남 때도 자리했다.

19일 AP통신, 영국 더타임스 등에 따르면 그는 'AI가 신(神)을 자처하거나, AI의 오남용 위험이 인류에 악영향을 끼치면 어떻게 대처해야 하느냐'는 질문을 받고 "AI보다 인간의 어리석음이 더 걱정된다"고 답했다.

AI에 관한 과도한 규제 또한 반대한다고 밝혔다. 보건의료 등 AI가 가져올 혁신이 인간에게 미치는 긍정적 효과도 크다는 것이다. 그는 "사회적 맥락 내에서 올바른 AI 사용 수준을 찾아야 한다"고 거듭 강조했다.

다만 AI가 전 세계의 양극화를 가중시킬 수 있다는 점을 우려했다. AI로 일자리를 잃을 수 있는 사람은 대부분 단순노동에 종사하는 각국 저소득층, 개발도상국 국민인데도 AI용 데이터의 대부분은 개도국의 저임금 근로자에 의해 제공된다는 것이다. 베난티 수사는 "나의 종교적 소명이 허위 정보를 읽는 사람, 일자리를 잃은 사람 등 AI 피해자들에게 집중하게 만들었다"며 이 문제를 반드시 해결해야 한다고 강조했다.

베난티 수사는 이탈리아 명문 라사피엔차 대학에서 공학을 전공했지만 학위 취득을 1년 앞두고 대학을 중퇴한 후 성직자가 됐다. 현재 프란치스코 교황의 AI 윤리 담당 고문을 맡고 있다. 또 각국 전문가 38명이 모여 AI의 위험, 도전, 기회 등을 논의하는 유엔의 'AI 고위급 자문기구'에도 유일한 이탈리아 출신 위원으로 참여하고 있다.

11

경동대 간호학과,
국가시험 응시 372명 전원 합격

강원일보 허남윤 기자 2024.02.18.

메디컬캠퍼스 3개 학과 국시 합격 100%…치위생학과는 3년 연속 기록
'취업사관학교' 별칭 걸맞게 교육부 취업률 통계서 80.1%로 최상위권

경동대 원주 문막·경기 양주 캠퍼스 전경

경동대의 간호보건의료계열 졸업생들의 현격히 높은 국가시험 합격률로 화제다.

경동대는 제64회 간호사 국가시험 합격자 발표 결과 지난해 졸업자 응시생 372명 전원이 합격의 영예를 안았다고 18일 밝혔다. 경동대 간호학과는 단일 캠퍼스로는 전국 최대이며, 이처럼 대규모 학과의 국가시험 전원 합격은 매우 드문 사례로 꼽힌다.

경동대는 지난해 연말 발표한 여타 간호보건의료계열 학과들 국

154

가시험 합격률도 전국 평균을 웃돌고 있는 것으로 파악됐다. 지난해 졸업한 치위생학과 140명과 작업치료학과 45명이 국가시험에서 전원 합격했다. 특히 치위생학과의 경우 2021년 말 국시부터 지난해 말까지 3년 연속 100% 합격의 기록을 이어가고 있다. '취업사관학교'라는 별칭으로 유명한 경동대는 지난달 초 교육인적자원부가 발표한 대학 졸업생 취업률 통계에서 80.1%를 기록하는 등 최근 5년 연속 '졸업생 1,500명 이상 중대형 대학 중 취업률 1위'를 지키고 있다.

제조업의 핵심 뼈대…
'기술 한국' 지킨다

한겨레 김지윤 기자 2021.11.16.

연재 | 이 대학 이 학과

한국폴리텍대 인천캠퍼스 스마트금형과

학생들이 5축 가공기를 활용한 수업에서 다양한 형상을 가공한 뒤 들고 있다. ⓒ 한국폴리텍대학 인천캠퍼스 제공

"특성화고 졸업 뒤 바로 사회생활을 시작했지만 적절한 직무를 찾지 못하고 방황했어요. 생산 업무가 아닌 개발·설계 프로젝트를 수행하고 싶은 목표가 생겨서 군 복무를 마친 뒤 대학에 들어갔습니다. 지금은 기아자동차 프레스금형기술부에서 일하며 탄탄한 미래를 준비하고 있어요."

한국폴리텍대학교 인천캠퍼스 스마트금형과를 졸업한 임혁(29) 씨의 말이다. 남들보다 조금은 늦은 나이에 다시 대학 문을 두드렸지만, 지도교수의 권고로 학교 행사에도 적극 참여했다. 졸업하면서는 자격증 6개를 손에 쥐었다. 학생 대표로 활동하며 각종 대회에서 상도 받았다.

임 씨는 "늦었다고 생각했지만 교수님들의 동기부여가 큰 힘이 됐다"며 "입학 뒤 1학년 때 산업기사 자격증을 취득할 수 있었다. 학교 차원에서 진행하는 방과 후 특강 등 다양한 커리큘럼을 통해 시간 낭비하지 않고 계속 성장하는 대학 생활이 가능했다"고 말했다. "한국폴리텍대는 우리나라에서 가장 큰 국책기술대학이거든요. 이 대학이 학과를 통해 '전문 기술인'이 됐다는 자부심이 큽니다."

금형이란 제품을 찍어내는 형틀을 말하는데, 쉽게 말해 눈에 보이는 플라스틱 또는 판재로 된 제품은 모두 금형으로 생산된 것이다. 금형을 사용하는 대표적인 산업군으로는 자동차, 반도체, 가전제품 등이 있다.

이 대학 이 학과에 입학하면 사출 및 프레스 금형 관련 기술에 대한 기초 이론부터 현업에서 다루는 테크닉까지 모두 배울 수 있다. 사출 금형, 프레스 금형, 금형 설계 실습, 3D 모델링, 부품 가공 실습, 로봇기구공학 등을 두루 학습하게 된다. '스마트 시스템 활용 기술 실습'에서는 기초 코딩 및 공정 모니터링을 위한 센서 데이터 획득과 관련한 기술을 배운다.

성시명 학과장은 "최근 금형 제작 때 공정 시간 및 금형 수정 기간 단축을 위한 성형 해석 기술의 도입이 대기업 위주에서 중소기업으로 확대되고 있다”며 “이에 대한 이론과 실습을 수행하고, 사출 및 프레스 공정에 대한 성형 해석 등을 배우며 ‘전문인’으로 거듭날 수 있도록 교육하고 있다”고 말했다. “학생들에게 다양한 취업 기회를 제공하고 보장하지요. 학교뿐 아니라 한국금형공업협동조합에서 지원하는 장학제도도 탄탄합니다.”

스마트금형과 졸업 뒤에는 관련 직무가 있는 기업체로 취업할 수 있다. 전문가들은 최근 스마트 공장이 많아지면서 앞으로 회사 안에서 이를 관리하고 유지하기 위한 기술 직무에 대한 수요가 증가할 것으로 내다본다.

이 대학 이상호 학장은 “‘기술 한국’의 자부심은 뿌리산업에서부터 나온다. 모든 산업의 근간인 금형 기술의 중요성은 날이 갈수록 커지고 있다”며 “어떤 제품을 만들 때 기계 가공에 의한 형틀을 먼저 설계·제작해 시제품을 만드는데 이때 기본이 되는 게 금형”이라고 말했다. “디지털, 4차 산업혁명 등 모두 중요한 말이지요. 다만 제조 혁신의 기본 기술인 금형과 주조, 소재 등이 주목받지 못하는 우리나라의 풍토가 걱정되기도 합니다. 금형은 모든 제조업 공정의 핵심 뼈대입니다.”

13

'넌 대학 가니? 난 용접·배관해'…
미 Z세대 새바람

국민일보 장은현 기자 2024.04.03.

기술 배워 배관·용접하는 청년 늘어

2018년 4월 4일 오후 세종시 부강면 세종하이텍고등학교에 열린 2018 세종시 기능경기대회 용접부문에서 참가자들이 그동안 갈고닦은 기술을 선보이고 있다. ⓒ 뉴시스

지난해 미국의 한 직업학교에서 9개월 용접 과정을 수료한 태너 버제스(20)는 대학 진학 대신 용접공의 길을 선택했다. IT 분야에 종사하는 부모님이 코로나19 팬데믹 기간 온종일 컴퓨터 앞에 앉아 일하는 모습을 보면서 사무직이 아닌 기술직에 관심이 갔다고 한다. 버제스는 "하루가 끝나면 기분이 좋고, 육체적으로도 무언가를 하고 있다는 데서 성취감을 느낀다"고 말했다.

버제스처럼 대학 진학을 포기하고 배관이나 전기 등 기술직에 관심을 두는 Z세대(1997~2004년생)가 늘고 있다. 스트리트저널은 1일(현지시간) "치솟은 대학 비용에 대한 회의론이 커지는 가운데 기술직군에 청년들이 관심을 보이면서 Z세대가 '툴벨트(Toolbelt·각종 공구를 매달 수 있게 만든 허리띠) 세대'가 되고 있다"고 보도했다. 미국에서 지난해 직업학교에 등록한 학생 수는 전년보다 16% 증가했다. 건설 기술을 공부하는 학생 수는 23% 늘었고 차량 유지·보수, 수리 수업을 듣는 학생 수도 7% 증가했다.

최근 은퇴자가 늘고 숙련된 기술자가 부족해지면서 관련 임금도 상승하는 추세다. 지난해 건설회사 신입직원의 평균 연봉은 전년보다 5.1% 상승한 4만 8,089달러(6,508만 원)로 조사됐다. 반면 전문 서비스 분야 종사자 연봉은 2.7% 오른 3만 9,520달러(5,347만 원)에 그쳤다. 급여 분석업체 ADP는 "건설 직종의 평균 연봉이 회계사나 IT 분야 종사자 등 전문직 연봉을 넘어선 지 이미 4년이 지났다"고 설명했다.

인공지능(AI)의 부상도 이런 흐름에 영향을 끼쳤다. AI의 발달에 따른 미래 직업 전망을 고려할 때 블루칼라 직종이 화이트칼라보다 오히려 더 나은 고용 안정성을 보장한다고 많은 사람들이 판단하고 있는 것이다. 기술직을 택한 근로자들의 직업 만족도도 높은 것으로 나타났다.

위스콘신주의 한 고교 상담사인 스티브 슈나이더는 "여전히 4년제 대학이 최고라는 인식이 있지만 학생들에게 다른 선택지를 권유하는 건 이제 어려운 일이 아니다"고 말했다.

4장

세계를 무대로!
무대를 품 안에!

'세계를 무대로! 무대를 품 안에!'와 같은 대명제는 이념과 체제를 초월하여 지구촌의 절대다수 국가들이 가장 우선적으로 지향하는 국가정책일 것입니다.

'고착화된 국가발전 저해요인들'로 인해 국가경쟁력이 원천적으로 취약한 우리나라가 4차 산업혁명 시대에도 낙오되지 않고 지속적으로 발전하기 위해서는 '세계를 무대로! 무대를 품 안에!'라는 굳은 신념에 국제감각까지 겸비한 수출역군들이 많이 배출되어 지구촌 곳곳을 누비며 해외시장을 개척하고 수출시장 다변화로 수출 증대를 위해 많은 노력을 기울여야 하겠습니다.

특히 기술개발·기술혁신을 통해 부가가치 높은 상품 및 서비스, 문화상품을 생산·수출해야 할 것입니다. 지식·문화·예능·스포츠 등 각종 한류문화의 해외진출, 한류 열풍의 글로벌화는 국제사회에 한국혼(韓國魂)을 전파하고 국위를 선양하여 국력을 신장시키게 될 것입니다.

세계는 인접국들 상호 간에 블록화하여 우선적으로 자기네들의 공동 이익을 추구하고 있습니다. 이러한 장벽을 넘어 수출을 증대하기 위해서는 일찍이 청소년기부터 수출의 중요성을 깊이 인식하고 지식과 실력을 쌓도록 청소년들을 학교에서 이론적으로 가르칠 뿐만 아니라, 실제로 세계를 무대로 외국의 현장을 누빈 수출역군들을 초빙하여 생생한 얘기를 들려주는 것도 산 교육이 될 것입니다.

청소년 여러분! 장차 세계를 무대로 여러분의 꿈을 펼쳐보는 일은 참으로 보람이 있을 뿐만 아니라 국가와 사회 발전에 크게 기여하는 영광스러운 일입니다.

4장에서는 수출역군들이 겪은 다양한 체험담, K-pop, K-드라마, K-Food 등 한류문화의 해외진출, 한류 열풍, 국제사회에 한국혼(韓國魂)을 전파하고 국위를 선양하여 국민적 자긍심을 고취한 얘기들을 실었습니다.

'수출로 먹고사는 대한민국. 수출은 우리 민족 생존의 길이요 국력'입니다.

1

"한국, 가고 싶은 나라 1위"…
한국에 푹 빠진 나라

한국경제 신현보 한경닷컴 기자 2023.11.07.

韓, 인도네시아서 가장 가고픈 나라 1위
메카 있는 사우디보다 약 3배 높아
저연령·고학력·여성일수록 호감도 높아
62.2%는 '韓, 국가 발전 모델로 삼아야'

인도네시아인이 꼽은 '가장 가고 싶은 나라' 1위에 한국이 꼽혔다. 또 60%가 넘는 인도네시아인들이 자국 발전 모델로 삼기에 한국이 '적합하다'고 판단했다.

7일(현지시간) 주인도네시아 대한민국 대사관에 따르면 한국·인도네시아 수교 50주년을 맞아 실시한 '인도네시아인의 한국 인식 조사' 결과, 해외에서 공부·거주·근무해 보고 싶은 인도네시아인 중 30%가 가장 선호하는 나라로 한국을 꼽은 것으로 나타났다. 인도네시아 여론조사 기관인 LSI가 전화 면접 방식으로 실시해 나타난 결과다.

2위는 사우디아라비아(12.1%)가 차지했다. 무슬림이 절대다수인 인도네시아에서 메카가 있는 사우디는 평생 한 번은 가봐야 하는 나라로 꼽히는데, 이런 사우디를 제치고 한국이 1위에 올라선 것이다. 사우디에 이어 일본(10.4%)과 미국(6.4%), 말레이시아(5.5%) 등 순이었다.

한국을 고른 사람들은 '임금 수준이 높아서'(24.4%), '일자리를 찾기 위해'(17.8%), '교육 수준이 좋다'(9.2%), '아이돌을 만나기 위해'(9.1%) 등 순으로 그 이유를 언급했다.

호감도 조사에서는 58.3%가 한국에 호감이 있다고 답했다. 반면 22.2%는 비호감이라고 말했다. 여성은 70.3%가 호감이 있다고 했지만, 남성은 46.7%만 호감이 있다고 답하면서 남녀 온도 차가 다소 있는 것으로 확인됐다. 나아가 저연령, 고학력, 도시 거주자일수록 호감이 높은 반면 고연령, 저학력자, 지방 거주자의 호감도는 상대적으로 낮은 것으로 드러났다.

한국을 호감이라는 이유로는 '한국 드라마가 좋아서'(19.5%), '그냥 좋다'(17.2%), '선진국이어서'(10.6%), '한국인이 아름다워서'(8.1%) 순으로 꼽혔다. 한국이 비호감이라는 이유로는 '그냥 싫다'(18.8%), '한국에 대해 잘 몰라서'(9.3%) 순이었다.

'한국을 인도네시아의 국가 발전 모델로 삼기에 적합한가' 질문에는 62.2%가 '그렇다'고 답했다. 이에 대해 대사관 측은 "최근 조코 위도도 인도네시아 대통령을 비롯해 인도네시아 주요 인사들이 한국을 경제 발전 모델로 누차 언급한 것에 영향을 받은 것으로 추정된다"고 설명했다.

2

SPC파리바게뜨,
'22년 인연' 파스쿠찌와 이탈리아 진출

한국경제 오형주 기자 2024.03.24.

허영인 SPC그룹 회장,

파스쿠찌 CEO와 만나

이탈리아 진출 MOU 체결

SPC그룹의 베이커리 브랜드 파리바게뜨가 이탈리아 커피 브랜드 파스쿠찌와 손잡고 이탈리아 시장에 진출한다. 파리바게뜨의 유럽 시장 진출은 프랑스, 영국에 이어 이번이 세 번째다.

허영인 SPC그룹 회장(좌측)과 마리오 파스쿠찌 파스쿠찌 CEO가 24일 서울 한남동에 있는 SPC 그룹의 플래그십 매장인 '패션5'를 둘러보고 있다.
ⓒ SPC그룹 제공

허영인 SPC그룹 회장은 24일 방한 중인 파스쿠찌 최고경영자(CEO)이자 창업주 3세인 마리아 파스쿠찌와 만나 '이탈리아 내 파리바게뜨 마스터 프랜차이즈'를 위한 업무협약(MOU)을 체결했다. 양사는 지난 1년여간 파리바게뜨의 이탈리아 시장 진출을 논의해 왔다. 이로써 이탈리아는 프랑스, 영국에 이어 파리바게뜨의 유럽 내 세 번째 진출국이 된다. 파리바게뜨는 2014년 프랑스 파리를 시작으로 현재 프랑스 5곳, 영국 2곳에 매장이 있다. 글로벌 전체로는 한국을 비롯해 11개국에 7,000여 개 매장을 두고 있다.

파스쿠찌는 1883년 이탈리아 몬테체리뇨네 지역에서 시작해 세계 17개국에 진출한 이탈리안 정통 에스프레소 전문 브랜드다. SPC그룹은 2002년 파스쿠찌를 한국에 도입하면서 20년 넘게 인연을 이어왔다. SPC그룹이 보유한 식품외식 분야 전문성과 프랜차이즈 사업 노하우를 토대로 한국은 가장 많은 파스쿠찌 매장을 보유한 국가가 됐다. 이번엔 역으로 파스쿠찌가 SPC의 파리바게뜨를 이탈리아에 도입하는 '교차 진출'을 통해 양사의 협력관계를 더욱 강화할 계획이다.

파리바게뜨의 플래그십 매장인 '랩 오브 파리바게뜨' 판교점 ⓒ SPC그룹 제공

허 회장과 파스쿠찌 CEO와 MOU 체결식 이후 한국 파스쿠찌 대표 매장인 센트로양재점을 비롯해 파리바게뜨의 이탈리아 진출 시 모델로 참고할 수 있는 플래그십 매장인 '랩 오브 파리바게뜨' 판교점 등을 함께 둘러봤다.

허 회장은 "유럽연합(EU)에서 제빵시장 규모가 가장 크고 다양한 빵 문화가 발달한 이탈리아는 유럽에서 매우 중요한 시장으로 오랜 인연을 이어온 파스쿠찌와 함께 진출을 협력하게 되어 매우 기쁘고 든든하게 생각한다"며 "양사간 협력을 지속 확대해 나가는 동시에 다양한 활동을 함께 펼쳐 양국 간 우호 협력 증진에 일조할 수 있도록 노력하겠다"고 말했다.

　파스쿠찌 CEO는 "한국을 비롯해 세계 11개국에 7,000여 개 매장을 운영하며 세계인들에게 사랑받고 있는 글로벌 브랜드 파리바게뜨는 이탈리아인들의 입맛도 사로잡을 수 있을 것"이라며 "파리바게뜨가 이탈리아와 유럽 시장에 성공적으로 자리잡을 수 있도록 최선을 다하겠다"고 말했다.

3

"66조 시장 뒤흔들었다"…
한국인 여성 '잭팟' 해외서도 주목

한국경제 오정민 한경닷컴 기자 2024.01.08.

WSJ, 김정수 삼양 부회장 조명
"매운 음식 맛집서 착안…'불닭볶음면' 출시 주도"

© 사진= 뉴스1

미국 경제지 월스트리트저널 (WSJ)이 김정수 삼양라운드스퀘어(옛 삼양식품그룹) 부회장(사진)을 "500억 달러(약 65조 6,950억 원) 규모 라면시장을 뒤흔든 여성"이라며 집중 조명했다. 김 부회장이 주도해 2012년 선보인 매운맛 라면 브랜드 '불닭'은 10년여간 40억 개 넘는 판매고를 기록하며 삼양식품의 대표상품으로 등극했다.

WSJ은 6일(현지시간) 삼양식품그룹에 시집와 전업주부로 살던 김 부회장이 불닭볶음면을 히트상품으로 만들기까지의 이력 등을 담은 '500억 달러 규모 라면시장을 뒤흔든 여성'이란 제목의 기사를 실었다. WSJ에 따르면 삼양식품의 불닭볶음면은 미국 주요 대형마트에 입점해 최근 각광을 받고 있다. 코스트코, 월마트, 앨버슨 등에 진출해 있고 조만간 크로거에서도 판매를 시작할 예정이다. 월마트에서는 불닭볶음면이 현재 가장 많이 팔리는 프리미엄 라면 중 하나로 꼽힌다.

시장 성장과 함께 일본 닛신 등 경쟁사보다 삼양식품이 프리미엄 라면 시장을 겨냥해 성공하고 있다는 설명이다. WSJ에 따르면 불닭볶음면은 미국에서 입지를 굳힌 일본 마루짱, 닛신 등 제품보다 세 배 정도 비싸다.

또한 삼양라면 제품을 포함한 한국의 라면 수출은 지난해에 이어 올해도 사상 최대 규모가 될 것으로 전망된다. 지난해 출시 60년을 맞은 한국라면의 수출액은 10억 달러에 육박, 역대 최대를 기록한 바 있다. 수출물량 전량을 한국에서 생산하는 삼양식품은 한국 라면 수출액 증가의 공신으로 꼽힌다. 식품업계에 따르면 지난해 한국 라면 수출액은 전년보다 24% 증가한 9억 5,200만 달러(약 1조 2,524억 원)로 잠정 집계됐다. 그 결과, 지난해 코스피지수가 19% 상승하는 동안 삼양식품의 주가는 70% 올라 주목받았다.

이 같은 불닭볶음면 성공을 이끈 인물로는 김정수 부회장이 꼽힌다. 김 부회장은 2010년 봄 당시 고등학생이던 딸과 함께 매운맛으로 유명한 한 볶음밥 가게를 다녀와 불닭볶음면을 생각해냈다. 식당에서 손님들이 그릇을 깨끗이 비운 것을 본 김 부회장은 본인에게는 견디기 어려운 매운맛이었지만 소비자의 반응을 보고 라면 버전으로 만들어야겠다고 생각했다.

김 부회장은 근처 슈퍼마켓으로 뛰어가 비치된 모든 매운 소스와 조미료를 3개씩 구입해 삼양식품 연구소와 마케팅팀으로 보냈고 나머지 하나는 집으로 들고 왔다. 상품화하기 위한 최적의 맛을 찾는 데는 수개월이 소요됐다. 김 회장은 WSJ에 첫 시제품을 시식했을 당시 "(매워서) 거의 먹지 못했지만, 오래 먹다 보니 갈수록 맛있고 익숙해졌다"고 설명했다.

2012년 출시 후 국내 시장에서 새로운 매운맛 라면으로 인기를 끈 불닭볶음면은 사회관계망서비스(SNS)를 타고 세계에 알려졌다. 특히 월드스타 방탄소년단(BTS)과 블랙핑크가 즐겨 먹는 제품으로 꼽히며 전 세계 팬덤에 제품이 알려졌고, SNS에서 매운맛에 도전하는 '불닭 챌린지'가 확산해 해외에서 입지를 굳혔다.

김 부회장 본인도 SNS 입소문을 통한 성공은 예상치 못했다는 후문이다. 삼양식품이 제품 홍보를 위해 유튜버에게 돈을 지불하지 않았음에도 꾸준히 영상이 올라오며 홍보 효과를 누린 것.

김 부회장은 한국 첫 라면인 삼양라면을 만든 삼양식품 창업주 고 ㈜ 전중윤 전 명예회장의 며느리다. 결혼 후 전업주부로 살던 그는 삼양식품이 외환위기 때 부도를 맞자 1998년 입사해 남편인 전인장 전 회장을 도왔다. 김 부회장은 "당시는 절박감만 있었다"고 회고했다. 김 부회장은 기업 경영 경험은 없었으나 시아버지인 전 전 명예회장 생전 회사의 사업 문제를 놓고 자주 대화를 나눴다. 김 부회장은 "경영진으로 복귀하면서 오로지 책임을 다해 회사를 이끌어야 한다는 생각뿐이었다"고 말했다.

4

3평짜리 가게에서 출발…
코스트코 876곳에 김 납품

조선일보 조재희 기자 2024.04.08.

年매출 1,000억 '김 수출 1위 기업' 신안천사김 권동혁 대표

전남 신안군에 있는 ㈜신안천사김에서 권동혁 대표가 본지와 인터뷰
하면서 자사 주요 제품에 대해 설명해주는 모습. 고교 졸업 후 건어물
가게에서 김 사업을 시작한 권 대표는 이제 세계 15국에 김을 수출하
는 국내 김 수출 1위 기업을 운영하고 있다. ⓒ 신안=김영근 기자

　권동혁(62) ㈜신안천사김 대표는 40년 넘는 세월을 '김'에 쏟아부었
다. 주변에선 '김에 미친 사나이'라고 부른다고 한다. 고등학교를 마
친 1980년 서울 광장시장 건어물 가게에서 김을 나르던 청년이 지금
은 미국 대형마트인 코스트코 전 세계 876개 매장과 중국 월마트 체

인, 호주 바이오리빙 등 15국에 'K김'을 수출하는 연 매출 1,000억 원에 육박하는 회사 대표가 됐다.

인생을 건 코스트코 김 납품

"일본(코스트코)에서 우리 김이 매출 상위 10위에 들며 인기를 끄니 놀란 미국 본사가 '무슨 일이냐'면서 조사를 했답니다. 세계에 김을 알릴 기회를 놓칠 수 없었습니다."

지난달 21일 전남 신안군 신안천사김 사무실에서 만난 권동혁 대표는 코스트코 본사와 PB(자체 브랜드) 납품 논의를 시작하던 2011년을 떠올리며 이같이 말했다. 당시 서구에선 김을 '블랙 페이퍼(검은 종이)'라 부르며 먹거리라는 인식이 낮을 때였다.

권 대표는 코스트코 납품 제안이 들어오자 살던 집을 담보로 잡고 전남 신안에 전용 공장까지 지었다. 그는 "도중에 너무 힘에 부쳐 '하던 거나 계속할걸' 하는 생각도 들었지만, 다시 오지 않을 기회라는 생각에 죽기 살기로 달려들었다"고 했다. 까다로운 미국 소비자 입맛을 잡기 위한 연구·개발도 필요했다. 권 대표는 "밥이 주식이 아닌 미국에선 스낵으로 김을 먹다 보니 손에 기름이 묻으면 안 되고, 덜 짜고 더 바삭하길 원했다"며 "여러 문제를 해결해야 했다"고 말했다.

고생 끝에 입성한 미국 시장에서 신안천사김은 날개 돋친 듯 팔렸다. 반년 만에 코스트코 전 세계 점포로 납품처가 확대됐고, 글로벌 결산 행사에서는 5년 넘게 우수 사례로 소개됐다. 2012년 컨테이너 150개였던 수출 물량이 지금은 1,200~1,400개로 늘었다. 컨테이너

1,400개에 들어가는 김을 이으면 1만 160km 정도 되는데 서울~뉴욕 거리(약 1만 1,047km)와 비슷하다.

중부시장 3평짜리 가게에서 출발

권 대표는 1986년 서울 중구 오장동에 있는 건어물 시장인 중부시장에서 3평(약 10㎡) 남짓한 구멍가게를 열면서 자신의 사업을 시작했다. 직원이라고는 권 대표와 아내, 처남까지 합쳐 4명이 전부였지만, 사업 수완과 끈질긴 노력으로 매출은 가파르게 늘었다. 김 시장이 조미김으로 바뀌던 1995년 판매법인을 세웠고, 2004년엔 직접 조미김 제조를 시작했다. 권 대표는 "소규모 업체에 임가공을 맡겨 납품했는데 원하는 만큼 맛있지도 않고, 클레임도 많았다"며 "'이러다가 큰일 나겠다' 싶어 이천에 5개 라인 규모로 공장을 짓고, 직접 생산하기 시작했다"고 말했다. 이른바 '사리'라 불리는 12~2월에 나오는 질 좋은 마른 김을 쓰고, 참기름도 아끼지 않다 보니 맛 소문이 났다. 거래처는 계속 늘었고, 일본 시장까지 진출했다.

'1억불 수출의 탑'을 받은 2022년, 권 대표에게 다시 한번 시련이 찾아왔다. 미국 식품의약청(FDA)이 중금속 검사를 이유로 통관을 막으면서 수출이 타격을 받았다. 권 대표는 해외에서 검사 설비까지 들여와 양식장부터 공장 라인까지 기준을 맞추며 문제를 해결했다.

지난해 신안천사김 매출은 전년보다 5% 늘어난 948억 원을 기록했다. 지난해 우리나라는 7억 9,000만 달러(약 1조 700억 원)어치 김을 수출했는데 신안천사김이 1위다. 권 대표는 "앞으로도 내 자식이나 손자가 먹는다고 생각하며 정직하게 좋은 상품을 만들어 우리 김을 세계에 더 많이 알리도록 하겠다"고 말했다.

5

연계 취업률 100%…
해외 기업으로 확대

한겨레 김지윤 기자 2021.09.07.

연재 | 이 대학 이 학과
연암공대 화공·기계융합(해외)**반**

"입학 때부터 해외취업에 관심이 많았어요. 지금은 폴란드에서 근무하고 있고요. 대학 다닐 때 소수 정예교육을 받은 덕분에 전망이 좋은 에너지 업계에 취업할 수 있었지요."

현재 엘지(LG)에너지솔루션 폴란드 브로츠와프 법인에서 일하고 있는 김웅진 씨의 말이다. 김 씨는 연암공과대학교 기계공학과 재학 중 '화공·기계융합(해외)반'에서 트랙(track)제를 통해 심화 교육을 받으며 미래를 준비했다.

경상남도 진주시에 자리한 연암공대는 엘지가 설립하고 지원하는 공학계열 특성화 대학교다. 연암공대는 전자전기계열(2년제), 스마트전기전자공학과(3년제), 조선자동차항공기계계열(2년제), 기계공학과(3년제), 스마트소프트웨어학과(3년제) 등 5개 학과만 운영하며 소수 정예교육을 하고 있다. 이 다섯 개 학과 재학생 가운데 융·복합 트랙

교육과정인 '화공·기계융합(해외)반'에 들어가면 김 씨처럼 해외 현지 법인에 바로 취업할 수 있다.

ⓒ 연암공대 제공

연암공대는 에너지 분야의 전문 기술 인력 수요가 급증함에 따라, 배터리 관련 자동화 장비를 모니터링하고 운용할 수 있는 인재를 키우기 위해 화공·기계융합(해외)반을 개설했다. 해외 현지 공장에 즉시 투입될 수 있는 전문가 양성을 위해 실무 중심의 교육과정을 개발했고, 지난해에 이어 올해에도 맞춤형 교육과정(2기)을 진행하고 있다.

연암공대 기획처 강민환 팀장은 "최근 전기차 시장의 급성장으로 배터리 시장 성장률도 가속화하고 있다"며 "에너지 산업 분야의 전지 사업을 이끌고 있는 엘지화학 폴란드 법인의 인력 수요를 확인하고, 해외 현지에서 근무할 자동차용 배터리 제조 설비의 유지·보수 전문 인력을 양성하고 있다"고 말했다. "사회맞춤형 교육과정으로 화공·기계융합(해외)반을 개설했습니다. 현지의 자동차 배터리 제조 공정 현장 기술 습득을 위해 실제 근무하게 될 4개의 제조 공정 라인별로 특화된 교육과정을 개발·운영하고 있고요. 학생들의 해외 현지 적응력 강화를 위한 기본 교육, 어학 교육, 생활 정보 등 사전 교육도 진행하고 있지요."

화공·기계융합(해외)반에서는 엘지화학 해외 현장실습 학기제를 진행한다. 학생들은 지난해 9월 1일부터 11월 24일까지 폴란드 현지 법인에서 공정별 현업 실무자에게 교육과 지도를 받으며 생생한 전문 기술을 익힐 수 있었다. 현장실습 학기제를 위해 지난해 7월 24일 엘지화학 오산 리더십센터에서 폴란드 전지생산법인 취업을 위한 국내 사전연수를 진행하기도 했다.

강 팀장은 "전기 배터리 기초 이론, 생산공정, 폴란드어 교육과 함께 단위 공정별 현장에 배치돼 현업 전문가에게 직접 지도를 받았다. 학생들은 현장실습 종료 후 폴란드 전지생산법인의 채용 과정을 거쳐 현장 테크니션으로 근무하고 있다"고 말했다. "엘지 연암학원의 전폭적인 지원 속에서 지난해 기준 연계 취업률은 100%입니다. 최근에는 엘지 계열사 외에도 강소기업, 해외기업으로까지 취업 저변을 확대하고 있고요."

연암공대는 링크(LINC+) 사회맞춤형학과 중점형 사업을 통해 대학과 기업의 공동 교육과정을 운영하며 채용 연계성을 높인 스마트팩토리 소프트웨어(SW)반, 엘지유플러스 네트워크 운영반, 생산기반기술반, 화공·전자융합반 등도 운영하고 있다.

6

'한국의 오타니' 꿈꾸는 하현승…
부산서 꿈틀댄다

국제신문 백창훈 기자 2023.11.23.

센텀중학서 부산고 진학 확정

– 좌완투수로 최대 구속 143㎞

– 지난해 전국대회 타격왕 수상

– 프로선수 수준에 MLB도 관심

– 키 193㎝에 피지컬 완벽 수준

'한국판 오타니 쇼헤이(일본)'가 야구 명문 부산고에 입학한다. 주인공은 좌투좌타 하현승(16·센텀중)이다. 키 193㎝의 압도적 피지컬을 자랑하는 현승이는 두 달 전 이미 최대 구속 143㎞를 찍어 전국 최고 유망주로 이름을 날렸다. 미국프로야구(MLB)에서 최소 3개 구단 이상이 그를 보러 국내에 올 정도여서 앞으로의 활약이 더욱 기대된다.

내년 부산고로 진학이 확정된 '투타 겸업' 현승이는 센텀중 재학 3년 동안 각종 전국대회를 휩쓸며 존재를 알렸다. 특히 올해 9월 고교 진학 전 진행한 부산고 연습게임에서 직구 최대 구속 143㎞를 기록하며 모두를 놀라게 했다. MLB에서 투타 겸업으로 리그 최정상에 오른

오타니가 고교 1학년 때 최고 구속 147㎞를 찍은 것과 비교하면 그의 재능이 어느 정도인지 가늠할 수 있다. 국내에서는 지난해 한국야구위원회(KBO) 신인 드래프트 전체 1순위 김서현(한화 이글스)과 견줄 수 있다. 김서현은 현승이 나이 때 직구 최대 구속이 140㎞였다.

'한국판 오타니 쇼헤이' 하현승이 내년에 입학할 부산고에서 야구공을 들고 포즈를 취하고 있다. 하현승은 현재 센텀중학교 3학년생으로 키 193㎝의 피지컬을 자랑하며 최대 구속 143㎞으로 미국프로야구(MLB)에서도 관심을 쏟고 있다. ⓒ 이원준 기자

현승이의 피지컬은 이미 '탈고교급'이다. 키 193㎝, 몸무게 88㎏의 신체조건을 가진 그는 입학 예정인 부산고에서 가장 크다. 육상 선수 출신 부모의 우월한 유전자를 물려받아 100m를 12초 만에 주파하기도 한다. 현승이 아버지 하충수 씨는 "저와 아내 키가 꽤 큰 편이라 현승이도 초등학생 때부터 가장 컸다"며 "어릴 때 육상을 가르쳐줬는데 곧잘 따라 해서 운동 신경이 좋다는 걸 알았다. 어느 날 '야구를 하고 싶다' 해서 처음엔 망설였는데, 재능이 있다고 하니 지금은 적극 밀어주고 있다"고 전했다.

현승이는 초등학교 4학년 때 문현초에서 수영초로 전학가면서 본격적인 야구 선수 생활을 시작했다. 타고난 재능이 워낙 좋아 전학 20일 만에 국제대회에 출전해 3할대 타율을 기록했다. 센텀중 2학년 땐 대통령기 중학야구대회에서 10이닝 무실점으로 몸을 풀더니 한

달 뒤 열린 U-15 전국유소년야구대회에서는 타격왕을 차지하며 모교의 우승을 이끌었다. 올해 열린 아시아유소년야구대회 U-15 한국 국가대표팀으로도 차출돼 일본전에 선발 투수로 마운드에 올랐다.

MLB 스카우트들도 현승이를 주목하고 있다. 최근 현승이가 참가한 4개 대회에 샌디에이고 파드리스의 관계자가 10회 이상 방문했다. 이 관계자는 하충수 씨에게 명함을 주고 "잘 키워 보라"며 현승 군에게 눈도장을 확실히 찍었다. 샌디에이고 구단 외 최소 MLB 2개 구단이 현승이의 경기를 보러 오기도 했다.

부산고 역시 현승이에게 거는 기대가 크다. 현승이는 부산고 외 '야구 명문' 경남고를 비롯해 휘문고 강릉고 경북고 등 전국에서 고교 진학 제안을 받았다. 부산고 야구부 박계원 감독은 "현승이가 부산고를 택했을 때 전국 고교 야구부 감독들에게 축하 연락을 받았다"며 "현승이는 지금 어떤 포지션을 맡겨도 소화할 수 있는 재능을 가졌다. 내년 초에 시작되는 동계훈련에서 투수 훈련을 먼저 시키고, 틈틈이 타격 훈련도 이어갈 예정"이라고 전했다.

현승이는 "국내 선수로는 이대호와 추신수 선배님, 해외 선수로는 오타니를 가장 좋아한다"며 "한국 프로야구에 데뷔할 수 있을지는 모르겠으나, 부산 출신으로서 롯데 자이언츠에 입단하고 싶다"고 포부를 밝혔다.

7

"저희가 모셔갈게요"…
한국인들 해외서 '러브콜' 쇄도

한국경제 곽용희 기자 2024.04.01.

"한국인 찾아요" 해외 러브콜 '역대 최다'

한국인 구인 인원 지난해 총 2만 5,321명

전년보다 5,044명(24.8%) 늘어

IT·서비스 해외취업 활발

'K컬처' 등 한국 문화 확산에 힘입어

특성화고에서 제과·제빵을 전공한 우지현 씨는 2022년 고교 졸업반 당시 국내 제빵회사, 베이커리 등 70곳에 입사지원서를 넣었지만 모두 탈락했다. 지난해 고등학교를 졸업한 우 씨는 싱가포르 호텔에 취직해 페이스트리(제빵) 셰프로 일하고 있다. 고교 재학 중이던 2021년 한국산업인력공단과 우 씨 학교가 해외취업 지원을 위해 개최한 프랑스 유명 파티셰 내한 행사에서 통역 등 지원 업무를 맡은 것이 계기가 됐다. 행사 후 우 씨는 학교에서 추천서를 받아 싱가포르 호텔에 입사 지원했다. 우 씨는 "국내 취업이 다 거절된 상태에서 다가온 해외취업은 하늘이 도운 기회라고 느껴졌다"고 말했다.

3년간 외무고시를 준비하다 29세에 국책은행에 입사한 김동수 씨는 1년 만에 은행을 그만뒀다. 2년간 한국무역협회의 해외취업 연계 교육을 통해 컴퓨터 프래그래밍과 일본어 공부에 매진한 끝에 최근 일반 정보기술(IT) 회사에 취업하는 데 성공했다.

"한국인 구해요" 역대 최다

해외 기업에서 일하는 한국 청년이 증가하고 있다. 외국 기업의 한국인 구인 규모는 역대 최대치를 기록했고 코로나19 시기 급감한 해외 취업자도 빠르게 늘고 있다.

1일 한국산업인력공단의 해외 취업 플랫폼인 '월드잡플러스'에 따르면 해외 기업의 한국인 구인 인원은 지난해 총 2만 5,321명이었다. 전년보다 5,044명(24.8%) 늘어난 수치로 관련 통계를 집계하기 시작한 2013년 이후 최대다. 국가별로는 일본 8,939명, 미국 6,393명, 싱가포르 1,383명 순이었다.

지난해 해외취업을 원한 한국인의 해외 구직 등록 건수도 총 2만 2,323건으로 1년 전의 2만 1,733건에 비해 590건(2.7%) 늘었다. 해외 기업의 한국인 구인 인원은 지난해 처음으로 구직 등록 건수를 뛰어넘었다.

구인·구직이 맞아떨어져 최종적으로 해외취업에 성공한 인원은 지난해 5,463명이었다. 2022년 5,024명 대비 439명(8.7%) 늘었다. 2019년 6,816명이던 해외 취업자 수는 코로나19 여파로 2021년 3,727명까지 쪼그라들었다. 하지만 최근 2년간 빠르게 반등했다. 국가별 취업 인원은 미국 1,659명, 일본 1,293명, 싱가포르 299명, 베트남 284명 순이었다.

산업인력공단은 해외취업이 질적으로도 개선세를 보이고 있다고 평가했다. 해외취업 이후 1년간 고용을 유지하는 비율은 2020년 60.1%에서 2021년 67.2%, 2023년 69.8%로 점점 높아지는 추세다. 산업인력공단 관계자는 "업무가 바빠서 연락이 닿지 않는 인원까지 감안하면 실제 고용 유지 비율은 훨씬 더 높을 것"이라고 설명했다.

IT·서비스 해외취업 활발

분야별로 해외취업은 서비스업과 IT 분야에서 가장 활발했다. 지난해 해외취업에 성공한 5,463명을 분야별로 살펴보면 사무·서비스 업종이 3,611명, IT 분야가 768명으로 각각 1, 2위를 차지했다. IT 분야에서 해외 기업의 한국인 구인 인원도 2022년 2,692명에서 2023년 4,631명으로 72% 증가했다.

KOTRA가 2022년 발간한 '28개국 해외취업 정보'에 따르면 미국, 일본, 싱가포르 등 주요 국가는 IT 인력 부족과 비싼 인건비 때문에 한국인 IT 인력 선호도와 수요가 높다. 영국에 정착한 프로그래머 A씨는 "평균적인 워라밸(일과 삶의 균형)이 한국보다 낮고 업무 환경도 자율적"이라며 "경력이 쌓이면 한국으로 '유턴 취업'하기도 쉽다"고 말했다.

서비스업 분야도 'K컬처' 등 한국 문화 확산에 힘입어 해외 취업이 많이 늘어났다. 이 분야의 한국인 구인 인원은 2022년 4,044명에서 지난해 5,109명으로 26% 증가했다. 산업인력공단 관계자는 "코로나19가 진정되면서 여행 수요가 늘어난 덕분에 서비스업 업황도 개선됐다"며 "한류가 강세를 보이면서 호텔·음식점 등을 중심으로 한국인 구인 수요가 그 어느 때보다 높다"고 분석했다.

하지만 한국 청년들의 해외 진출을 제한하는 요인들은 여전히 남아 있다. 해외 기업의 한국인 구인 인원이 2만 5,321명인 데 비해 취업자가 5,463명에 머물고 있는 것도 이 때문이란 설명이다. 한 인력송출업체 관계자는 "한국 청년들은 선진국의 사무직 취업을 선호하지만 외국인에게 주어지는 '좋은 일자리'는 한정돼 있다"며 "한국인을 비롯한 외국인에 대한 현지의 냉정한 평가, 한국에 비해 쉬운 해고 환경 등도 청년들이 해외 취업을 선택하는 것을 주저하게 하는 요인"이라고 말했다. 또 다른 인력송출업체 관계자는 "한국의 높은 최저임금과 러시아의 우크라이나 침략 등 국제정세 악화도 해외 취업 동기를 약화하는 요소"라고 말했다.

해외 취업이 상대적으로 서비스업에 집중된 점도 한계로 지적된다. 한 해외 호텔 취업자는 "호텔, 음식점, 단순 사무직 등의 경우 선진국이라도 급여 등 근로조건이 한국보다 크게 낮다고 보기 어렵다"고 말했다. 고용노동부 관계자는 "해외 취업 인원들에 대한 모니터링을 통해 취업 성공률 향상과 진로 다변화를 도모하고 있다"고 말했다.

8

개구리 올챙이 적 생각할 때

세계일보 장한업 이화여대 다문화연구소장 2024.04.11.

© 장한업 이화여대 다문
화연구소장

지난달 3일, 한국·필리핀 수교 75주년 기념 행사가 열렸다. 필리핀 클라크 국제공항에서는 한국과 필리핀 공군이 공동으로 우정 비행을 했다. 비록 TV를 통해서 본 것이지만 참으로 흐뭇한 광경이었다.

한국이 필리핀과 수교한 것은 1949년이다. 필리핀은 대만, 미국, 영국, 프랑스에 이어 한국의 다섯 번째 수교국이 되었다. 이는 당시 필리핀의 위상이 상당하였음을 보여주는 대목이다. 필리핀은 1950년 한국전쟁이 일어나자 3개월 후 육군을 파병해 주었다. 5년간 총 7,420명을 파병했는데, 그 규모로 보면 16개국 중 여섯 번째였다. 이 과정에서 116명의 젊은이가 한국을 위해 귀한 목숨을 잃었다.

1960대만 해도 필리핀은 한국보다 잘사는 나라였다. 1960년 필리핀의 1인당 소득은 254달러로, 79달러에 불과한 한국의 세 배가 넘었다. 건축 기술도 한국보다 앞서 있었다. 1961년 광화문 네거리에 들어선 미국대사관과 문화체육관광부 건물(일명 '쌍둥이 건물')은 미국

회사가 지었지만, 시공과 감리는 필리핀이 했다. 1963년 문을 연 장충체육관도 설계는 한국인이 했지만, 시공과 감리는 필리핀 기술자의 도움을 받았다. 1966년 필리핀 마닐라에서 마르코스 대통령을 만난 박정희 대통령은 "우리도 당신들만큼 잘살았으면 좋겠다"라고 말했을 정도로 필리핀은 잘사는 나라였다. 그해 한국의 1인당 국민소득은 130달러였고, 필리핀은 299달러였다.

참고로, 한국이 필리핀을 1인당 국민소득으로 추월한 것은 1970년부터이다. 필리핀은 문화적으로도 강한 나라였다. 1978년 프레디 아길라(Freddie Aguilar)가 Anak(아들)라는 노래를 불러 큰 인기를 얻었다. 타갈로그어로 된 이 노래는 세계 56개국에서 27개 언어로 번안돼 수백만 장의 앨범이 팔렸고, 당시 아길라는 아시아 최고의 가수였다.

이처럼 한국과 필리핀의 외교관계는 매우 일찍 시작되었고, 한국전을 통해서 혈맹수준으로 공고해졌고, 기술 협력으로 확대되었고, 이제는 정치 경제 사회를 넘어 문화와 관광으로 이어지고 있다. 실제로 2023년에 144만 명의 한국 관광객이 필리핀을 방문해 필리핀 제1의 관광시장이 되었고, 20만 7,000명의 필리핀인이 다양한 목적으로 한국을 방문했다.

지난 30여 년 동안 한국에 이주한 필리핀인의 주된 목적은 취업이었다. 이들은 체류자격과 상관없이 단순노동에 가장 많이 종사하고 있다. 2000년대에는 결혼 목적의 이주가 증가했으나 요즈음은 감소하는 추세이다. 최근 몇 년 동안은 학업 목적 이주가 늘고 있다. 작년 하반기에는 필리핀 가사·육아도우미 100여 명을 들여오기로 했다. 이들에게 가사뿐만 아니라 육아까지 맡기려고 한 것은 이들이 영어를 구사할 수 있기 때문이다.

　그런데 필리핀인에 대한 한국인의 태도는 그리 우호적이지 않은 것 같다. 공장과 가정에서는 한국어를 잘하지 못한다는 이유로 함부로 대하고 이래저래 무시하고 차별한다. 다행히도 필리핀인의 한국에서의 삶의 만족도는 다른 이주민 집단에 비해 높다고 한다. 이들은 공동체 모임에 적극적으로 참여하는 편이고 사회적 연결망도 비교적 잘 구축되어 있다고 한다. 한국인이 이런 그들에게 조금만 더 우호적으로 대해 준다면 양국의 관계는 더욱 좋아질 것 같다. 지금 한국인에게 가장 필요한 것은 개구리가 올챙이 시절을 생각하는 것이다.

9

현대차그룹, 런던대와
'아프리카 미래성장 방안' 연구 협력

연합뉴스 임성호 기자 2024.02.25.

런던대 동양·아프리카학 대학과 함께 '지속가능 구조변화 연구소' 개소

현대차그룹이 아프리카 시장에 대한 이해를 높이고, 아프리카의 바람직한 미래성장 방안을 찾기 위해 영국 런던대와 협력을 이어간다. 현대차그룹은 런던대 산하 동양·아프리카학 대학(SOAS)과 지난 23일 (현지시간) 런던대에서 '지속가능한 구조변화 연구소'(CSST) 개소식을 개최했다고 25일 밝혔다.

SOAS는 런던대를 구성하는 17개 단과대학 중 하나로, 아시아와 아프리카 지역을 비롯한 개발도상국 연구에 특화돼 있다.

앞서 현대차그룹과 SOAS는 지난해 10월 '개발 리더십 대화의 장 연구소'(DLD)를 세운 바 있다. 여기서는 워크숍, 세미나 등을 통해 개도국 산업화 방안·정책을 모색한다. 이번에 문을 연 CSST는 아프리카의 지속가능 성장을 위한 구조적 변화를 연구한다.

SOAS 소속 장하준 교수의 주도하에 아프리카 지속가능 성장의 핵심 요소로 일컬어지는 공급망, 재생에너지, 광물자원, 인프라의 개발에 관한 연구를 진행할 계획이다. 현대차그룹은 이를 바탕으로 개도국의 사회·경제 발전 방안, 그룹을 비롯한 민간 기업과 개도국 정부의 역할 등을 제시할 계획이다.

CSST 개소식에 참석한 HMG경영연구원 박성규 상무는 "지속가능 성장은 파트너와 조화롭게 움직여 공동의 목적지에 도달하는 '이인삼각 경기'와 같은 것"이라며 "아프리카의 지속가능 성장을 모색하는 길에 대한민국의 발전 경험과 현대차그룹의 성공 경험이 큰 도움이 되기를 기대한다"고 밝혔다.

현대차그룹은 다음 달 25일 한국에서 CSST 및 한·아프리카재단과 함께 '2024 한·아프리카 비즈니스 포럼'을 개최할 예정이다.

10

"저개발국 환자 치료에 써달라"…
고대병원에 6억 3,500만 원 기부

동아일보 조유라 기자 2024.04.19.

익명의 독지가가 "저개발국 환자를 도와 달라"며 고려대의료원에 6억 3,500만 원을 기부했다.

18일 고려대의료원에 따르면 이 독지가는 의료 서비스 이용에 어려움을 겪는 저개발국 환자를 국내로 초청해 치료하는 의료원의 '글로벌 호의 생명사랑 프로젝트'에 대해 듣고 "세계 의료 불모지에 있는 환자들을 위해 써 달라"며 지난해 말과 올 3월 기부금 총 6억 3,500만 원을 전달했다. 이 프로젝트의 목표는 2028년까지 환자 100명을 치료하는 것이다. 이 기부자는 "신분을 밝히지 말아 달라"는 요청과 함께 "나눔 자체에 보람을 느낀다"는 소감을 남겼다.

이 프로젝트를 통해 지금까지 심장병을 앓던 몽골 10세 여아와 안면 거대 신경섬유종을 지닌 마다가스카르 20대 여성이 수술을 받고 귀국했으며, 다른 환자 6명이 치료를 앞두고 있다.

11

인하대, '교육 한류'로 경쟁력 강화…
글로벌 종합대학 만든다

동아일보 인천=차준호 기자 2024.04.24.

개교 70년, 세계로 향하는 인하대

타슈켄트 인하대 10주년

국제화 교육 협력사업 확장

의료 시스템 노하우 전수도

2014년 10월 우즈베키스탄의 수도 타슈켄트에 개교한 '우즈베키스탄 타슈켄트 인하대(IUT)' 본관. IUT는 지난해까지 졸업생 1600여 명을 배출하는 등 현지에서 대한민국 교육 수출 1호로 위상을 높여가고 있다. ⓒ 인하대 제공

"최신 교육과정과 실무 경험이 끊임없이 변화하는 정보기술(IT) 시장에서 성공하는 귀중한 자산이 됐습니다."

2017년 '우즈베키스탄 타슈켄트 인하대(Inha University in Tashkent·IUT)'에 입학해 정보통신공학을 전공한 딜무로드 양기보예프 씨(25)는 "IUT에서 4년 동안 받은 교육이 직무를 능숙하게 다루는 데 큰 도움이 됐다"며 이같이 말했다.

양기보예프 씨는 2021년 IUT를 졸업한 뒤 미국 테슬라에 입사해 프로그래머·기술자로 일하고 있다.

국내 대학 가운데 처음으로 해외로 교육을 수출한 IUT는 2014년 10월 개교한 이래 이처럼 우수 인재를 길러낸 사례를 축적해 가면서 현지에서 명문대 반열로 올라서고 있다. 24일 개교 70주년을 맞은 인하대의 '글로벌 멀티 캠퍼스' 구축 사업이 본궤도에 오르고 있다는 평가가 나오는 이유다.

인하대는 '교육 한류'를 선도한 IUT의 성공적 운영을 바탕으로 국내 대학의 미래 가치 창출을 선도하는 글로벌 멀티버시티 (Multiversity·거대 종합 대학)를 구축하겠다는 계획이다.

개교 10주년 맞은 IUT 현지 '명문대'로 성장

IUT는 우즈베키스탄 정부의 요청에 따라 인하대가 IT 분야 전문 인력 양성을 위해 설립한 교육기관이다. 인하대가 캠퍼스 설계를 포함해 규정 등 대학 체제 구축을 위한 전반적인 과정을 주도적으로 이끌었다. 우즈베키스탄 정부와 현지 기업의 출연금으로 우즈베키스탄 수도 타슈켄트에 2014년 10월 개교했다.

인하대는 IUT 커리큘럼 등 교육과 학사 운영을 전담하고 있다. 현지 학생들은 인하대의 교육 시스템을 통해 컴퓨터공학과 정보통신공학, 경영, 물류 등의 분야에서 전공과목을 이수하고 있다. 현지 학생들에게 양질의 교육을 제공하기 위해 '3+1 방문 교육' 제도 등을 도입한 인하대는 국내 대학 중 처음으로 대학 교육과정을 해외에 수출한 사례로 주목받았다.

IUT는 2018년 처음으로 졸업생을 배출했다. 개교 이후 지난해까지 1,600여 명의 학생이 IUT를 졸업했다. 이들 대부분은 현지에 있는 유명 IT 기업, 국영기업, 정부기관 등에 취업했다. 이런 성과를 바탕으로 IUT는 현지에서 인정받는 명문 대학으로서 위상을 공고히 하고 있다.

IUT가 현지 명문대로 성장을 거듭하면서 유능한 인재가 몰리는 선순환이 이뤄지고 있다. IUT에서 컴퓨터공학을 전공하고 있는 4학년 테미로프 아지줄로 씨(21)는 지난해 두바이에서 열린 전자정부 관련 프로그래밍 대회(Global Best M-GOV Award)에서 전 세계 1,000여 개 팀 중 2등을 기록했다. 아지줄로 씨는 "국제대회에서 입상하는 성과를 거둔 데는 IUT가 제공한 높은 수준의 교육과 실용적인 훈련이 많은 도움이 됐다"고 말했다.

'글로벌 멀티 캠퍼스' 가시화

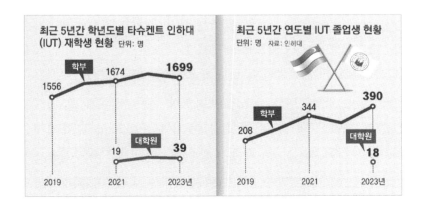

인하대는 IUT의 운영 노하우를 바탕으로 교육 협력사업 등 국제화 사업을 확장해 나가고 있다. 아제르바이잔의 바쿠공과대학(BEU)과 함께 진행하는 교육 협력사업이 대표적이다.

BEU와의 교육 협력사업은 IUT의 교육과정을 바탕으로 한 '3+1 국가복수학위 프로그램'으로 구성됐다. 현지 학생들은 인하대와 BEU가 함께 설계한 교육과정으로 3년 동안 BEU에서 교육받은 뒤 1년을 한국에서 공부하고 복수 학위를 받는다. IT, 전자공학, 전기공학, 토목공학 등 4개 전공에서 매년 학생을 모집하고 있다. 현재 복수학위 프로그램에 참여하고 있는 BEU 재학생은 385명인데, 학사 운영 전반에 관해 긍정적으로 평가하고 있다.

중국에서도 교육 협력사업을 펼치고 있다. 2020년부터 하남예술직업학원과 협력해 이 학원에서 3년을 공부한 뒤 인하대에 편입해 복수 학위를 받는 '3+2 편입 프로그램' 등을 운영하고 있다. 문화콘텐츠문화경영학, 아동심리학 등 2개 학과를 대상으로 프로그램이 운영되며 549명의 학생이 참여하고 있다.

인하대는 이 밖에도 조지아, 우크라이나, 리투아니아에서 단독·복수 학위, 편입 프로그램과 세종학당 운영 등 국제화 교육 협력사업을 활발히 진행하고 있다. 앞으로 튀르키예 이집트 벨라루스 등 동유럽과 북아프리카로 교육 협력사업 지역을 확대해 글로벌 멀티 캠퍼스를 구축해 나갈 예정이다. 등록금 동결과 학령 인구 감소 등으로 어려움을 겪고 있는 국내 대학이 '대학 수출'이라는 새로운 도전을 통해 경쟁력을 실현했다는 점에서 의미가 크다는 평가를 받는다.

인하대병원도 국제사회 공헌 사업 나서

인하대병원도 공적개발원조(ODA) 사업을 펼치면서 인하대의 국제 사회 공헌 사업에 힘을 보태고 있다. 2021년부터 3년간 산업통상협력개발지원사업을 통해 우즈베키스탄에 '디지털 헬스케어 플랫폼 사업'을 구축했다. 우즈베키스탄 국공립 병원에 전산 프로그램을 개발·설치하고 원격 협진 시스템, 개인 의료 정보 공유 시스템, 유전자(DNA) 뱅킹 플랫폼을 만든 것이다.

여기에 의료 정보의 발생, 교환, 분석에 대한 컨설팅도 진행했다. 우즈베키스탄의 국가 전략인 국가보건의료정보통합시스템 구축에 큰 힘을 보탰다는 평가를 받는다.

인하대병원은 키르기스스탄의 의료 서비스 발전을 위해서도 힘을 쏟고 있다. 현재 한국국제보건의료재단(KOFIH)의 지원으로 키르기스스탄 '국립 감염병원 시뮬레이션센터' 설립을 지원하면서 인력 양성, 센터 운영 컨설팅을 진행하고 있다.

앞서 인하대병원은 2021년부터 3년 동안 한국국제협력단(KOICA)과 함께 키르기스스탄 국립감염병원 의료진을 초청해 '치료 노하우'를 전수했다. 인하대병원은 국내 선진 의료 시스템과 노하우를 도움이 필요한 국가들에 전수하는 등 국제화 사회공헌 활동을 강화할 계획이다. 조명우 인하대 총장은 "IUT는 지난 10년 동안 여러 성과를 거두며 국제 교육협력 사업에 선례를 남겼다"며 "IUT의 성공을 바탕으로 인하대가 세계로 뻗어 나갈 수 있는 전진기지인 글로벌 멀티 캠퍼스를 구축하고, 국제사회에 공헌하는 활동도 이어가겠다"고 말했다.

12

'해동검도 관장 아빠 따라 이민'
남아공서 치과의사 된 송채은 씨

연합뉴스 성도현 기자 2024.05.03.

한인 위한 진료 및 상담 봉사…아프리카해동검도협회서도 활동

"케이프타운서 뜨거운 '한류 붐' 체험…더 열심히 올바르게 살 것"

"남아프리카공화국은 매우 생소하고 낯선 나라였지만, 아프리카의 대자연과 수많은 야생동물을 정말 집 앞에서 볼 수 있을까 하는 기대감이 있었어요. 새로운 도전은 흥미로웠고, 지금도 후회하지 않아요."

남아프리카공화국 케이프타운의 첫 한인 치과의사인 송채은 씨가 지난 2일 서울 중구 웨스틴조선서울에서 연합뉴스와 인터뷰를 하고 있다. 송 씨는 재외동포청이 주최한 '2024 세계한인차세대대회' 참석을 위해 최근 방한했다.

남아공 케이프타운에서 치과의사로 일하는 한인 송채은(29) 씨는 지난 2일 서울 중구 웨스틴조선서울에서 연합뉴스 기자와 만나 "당시에 쉽지 않은 선택을 했을 부모님께 항상 감사한 마음을 갖고 있다"며 이렇게 말했다.

송 씨는 재외동포청이 각국 동포사회의 미래를 이끌 우수한 젊은 인재를 초청해 한인으로서 정체성을 갖추고 리더의 역량을 높이고자 개최한 '2024 세계한인차세대대회' 참석차 방한했다가 인터뷰에 응했다. 그는 "타국에서 사는 한인으로서 두 나라 문화 속에서 갈팡질팡했을 이들과 고민을 나누고 소통하고 싶다"며 "한국의 발전된 모습을 배우고 돌아가 남아공에 한국을 알리는 데 조금이나마 기여하고 싶다"는 바람을 나타냈다.

3살 때부터 아버지 송윤찬 씨 밑에서 한국 전통 무예인 해동검도를 배운 그는 10살이던 2005년 해동검도 시범을 위해 아버지와 함께 케이프타운을 찾았다. 2년 뒤에는 한국 생활을 접고 가족 모두 이민했다. 아프리카해동검도협회 회장이자 남아공해동검도협회 총관장인 아버지 송 씨는 모잠비크와 보츠와나, 모로코 등에 국가협회가 만들어질 수 있도록 돕는 등 아프리카에 해동검도와 한국 문화를 전파하기 위해 힘쓰고 있다.

송 씨 역시 꾸준히 해동검도에 대한 관심을 이어가 현재 5단 사범 자격을 갖고 있다. 치과의사로 일하는 틈틈이 아프리카해동검도협회의 지도자로서 통번역 및 행사 진행, 시범단 활동 등을 하고 있다.

해동검도 아프리카 지도자 연수에서 발표하는 송채은 씨

송씨는 웨스턴케이프대 치의학과를 졸업한 뒤 2020년

케이프타운의 첫 한인 치과의사가 됐다. 요하네스버그와 프리토리아에는 한인 치과의사들이 여럿 있지만, 케이프타운에서는 그가 첫 테이프를 끊은 셈이다.

남동생 현성(27) 씨도 누나를 따라 치의학과에 진학해 치과의사가 돼 남매가 같은 병원에서 일하고 있다.

그는 "어릴 때 임상병리사로 일한 엄마의 일터인 병원을 자주 방문해 가까이에서 의료진들이 일하는 모습을 보며 자연스럽게 의료인을 꿈꿨다"며 "환자의 상한 치아를 건강하게 바꾸고, 교정 및 미용 치아 치료를 통해 미소를 되찾아 줄 수 있다는 것에 매력을 느껴 치의학을 선택했다. 의학과 예술이 합쳐진 분야"라고 설명했다.

그러면서 "치과대학 시절부터 치아 교정학에 관심이 많았다"며 "현재 일하는 병원에서 원장님의 멘토링 아래 교정 관련 진료를 하다 보니 더 깊이 공부해야겠다는 생각이 들어 대학원도 다니고 있다"고 소개했다.

송 씨는 케이프타운에서 현지인 및 교민들을 위해 활발히 활동하는 것으로도 유명하다. 근무가 없는 매주 토요일 오후에는 한인을 위한 치과 진료를 하고, 치과 관련 문의 사항과 관련해서는 적극적으로 상담에 나선다.

2018년 11월 대한무역투자진흥공사(코트라)가 주최한 '케이프타운 소비재 수출대전'에서 통역을 담당했고, 2022년 5월에는 케이프타운 한인회가 마련한 진로·취업 세미나에 멘토로 참여해 공부 노하우를 공유하기도 했다.

그는 "일상에서 한국인이라는 이유만으로 친절하게 대해 주고, 치과를 찾는 환자들도 한인 의사가 있는 우리 병원을 신뢰한다고 말하는 등 케이프타운에서 뜨거운 '한류 붐'을 체험한다"며 "한국인으로서 매우 뿌듯하고 자랑스러우면서도 더 열심히, 올바르게 살아야겠다는 책임감을 느낀다"고 강조했다.

남아공 케이프타운서 거주하는 송채은 씨 가족

5장

숭고한 희생정신
잊지 말아야

"역사를 잊은 민족에게 미래는 없다" 라는 말이 있습니다. 또다시 비극의 역사가 반복되지 않도록 험난했던 우리 근대사에서 교훈을 얻어야 하겠습니다.

순국선열, 애국지사들의 헌신적인 조국애와 숭고한 희생정신을 기리고 추모하는 일은 우리 후손된 도리입니다. 잊지 말아야 합니다.

전 국민이 힘과 지혜를 모으고 하나로 뭉쳐 다시는 이런 비극을 겪지 않도록 각오를 단단히 해야 하겠습니다. 생활이 어려운 유가족들에게는 국가적인 차원에서 도와드리고 위로해 드려야 하겠습니다.

1

고려인·조선족이 탄생된
시대적 배경

편집 허대조

우리 민족이 일제강점기로 인한 시대적 산물인 남북분단, 뒤이어 6·25 전쟁이란 동족상잔의 비극에 이산가족이란 시련까지. 해방된 지 78년 세월이 흘렀건만 아직도 미증유의 민족적 수난을 겪고 있습니다. 포성(砲聲)이 멎은 지도 70년이 지났건만 상처가 언제쯤 아물지 기약이 없습니다.

조선 말 빈곤과 학정에 시달린 북부 변경 농민들을 비롯한 많은 백성들이 격동과 파란의 세월 속에 살길을 찾아 정든 고향을 등지고 기약도 없이 강 건너 동북 3성으로 피눈물 나는 유랑생활을 떠났습니다. 특히 1860~1870년의 수재와 한재 때에는 무리를 지어 도강하였습니다. 당시 청나라는 국경 수비를 강화하였기에 월경(越境)이 불가능했으므로 유민(流民)들이 부득이 먼 러시아 연해주로 이주하게 되었는데, 이들을 나중에 고려인이라 부르게 되었습니다. 말할 수 없는 비참한 환경 속에서 조국과 민족을 떠나야 했던 당시 이들의 사정을 돌이켜 보면 참으로 뼈마디가 아픈 느낌을 금할 수 없습니다.

청일 전쟁에서 청나라가 패하고 1910년 일제의 강점 이후에는 항일

207

투사와 농민들이 계속 월경, 연변을 거쳐 흑룡강성 깊숙한 곳까지 파고들었는데 이들은 조선족이라 칭하게 되었습니다. 다 같은 동족인데도 정착지에 따라 명칭이 다릅니다. 당시 만주로 약 200만 명, 러시아로 약 40만 명의 유민이 흘러들었습니다.

  일제강점기에 조국을 위해 목숨 바친 순국선열, 애국지사들을 기리고 추모하는 일은 우리 후손된 도리입니다. 또다시 비극의 역사가 반복되지 않도록 험난했던 우리 근대사에서 교훈을 얻어야 하겠습니다.
  한때 동북을 주름잡던 고구려가 망하고 한반도에 국척(跼蹐)[33]하던 조선 역시 사직을 유지하지 못하니, 백성들은 가난에 쫓기고 박해에 못 이겨 강 건너 동북 3성으로 유출, 피눈물의 유랑생활을 해야 했습니다.
  1910년 8월 대한제국이 멸망한 이후 일제강점기에 의병과 독립운동가들이 대거 월경함으로써 동북(東北)은 가장 뜨거운 항일투쟁 기지가 되었습니다.

  "1909년 하얼빈역에서 안중근 의사의 의거를 필두로, 수많은 애국선열들이 독립운동 전선을 질주하면서, 전폐유리(顚沛流離)[34]의 고비를 수없이 넘나들면서, 적의 총탄에 맞은 혈흔(血痕)이 동북(東北)의 설원

---

33 국척(跼蹐) : 두려워 몸을 옴츠림.
34 전패유리(顚沛流離) : 엎어지고 자빠지며 정처 없이 떠돌아다님.

(雪原)을 붉게 물들이고 타이항산[35] 깊은 골짜기에 쓰러져 시신조차 거두지 못한 독립군들은 얼마나 많겠는가?"

    – 조일문 저, 「中國大陸을 가다」 중에서[36]

---

35 타이항산(太行山) : 산시성(山西省)과 허베이성(河北省) 경계를 이루는 타이항산맥의 일부. 항일 무장 독립단체인 조선의용대가 1941년 12월부터 1943년 6월까지 타이항 산속 곳곳에서 일본군과 교전 및 항전을 거듭했던 격전지. 장렬히 산화하여 광복 조국 땅을 밟지 못하고 타이항 산속을 떠도는 넋들은 얼마일까

36 전 독립기념관 이사장이자 건국대학교 총장인 독립운동가 조일문의 「中國大陸을 가다」를 참고하였습니다.

2

연해주 독립운동 대부…
그의 집에서 안중근 단지동맹 맺어

중앙선데이 김석동[37] 전 금융위원장 2024.04.13.

김석동의 '노블레스 오블리주' 인물 탐구 ③ 최재형

연해주는 헤이룽강, 우수리강, 동해로 둘러싸인 땅이다. 러시아 85개 연방지역의 하나로 우리나라 1.6배 크기다. 북방민족이 세운 금·원·청이 차례로 지배했고, 1860년 러시아가 베이징조약으로 차지했다. 한민족과도 뗄 수 없는 역사가 전개된 곳으로 고조선을 이은 고구려·발해 그리고 이와 연결된 북방민족 국가의 영역이었다. 1863년 이래 두만강 건너 한인 이주가 계속되면서 집단거주지 '한인촌'이 세워졌고, 1910년 전후로는 애국지사의 망명과 이주가 줄을 이으면서 만주와 함께 조직적인 항일운동의 거점이 됐다. 최재형 선생은 바로 이곳에서 항일독립운동의 대부로서 역할을 하다 순국했다.

---

37 김석동 전 금융위원장. 2007~2008년 재정경제부 제1차관을 거쳐, 2011~2013년 금융위원회 위원장으로 일했다. 현재 지평인문사회연구소 대표로 있다. 지은 책으로는 『김석동의 한민족 DNA를 찾아서』가 있으며, 오랜 경제전문가로서 직장인들의 팍팍한 주머니 사정을 감안해 가성비 좋은 서울의 노포 맛집을 소개한 『한 끼 식사의 행복』이 있다.

난로 뜻하는 '최 페치카' 애칭 얻기도

1860년 함경도 북단의 경원에서 가난
한 농노의 둘째 아들로 태어난 선생은 9
살에 가족과 함께 연해주로 이주, 한인
들이 세운 지신허(地新墟) 마을에 정착했
다. 12살 어린 나이에 가정 사정으로 가
출해 포시예트항에서 탈진해 쓰러졌고
러시아상선 선원에 의해 구조돼 보살핌
을 받는다. 선장 이름을 따라 '표트르 세
묘노비치 최'라는 이름도 얻었다. 선장
부인에게서 러시아어와 서양학문을 폭
넓게 배우고, 페트로그라드로 대양을 항
해하며 여러 나라의 문물을 접한다. 6년
간의 선원 생활 후 1878년 블라디보스

최재형 선생은 가난한 농노의
아들로 태어나 이국땅에서 평
생 모은 재산을 항일투쟁과 동
포지원활동에 바쳤다. 사진은
1915년에 촬영한 선생의 모습.
© 사진 최재형기념사업회

토크의 상사에서 3년간 더 일하면서 돈을 모은 후 부친이 있는 지신
허 서쪽 14㎞ 떨어진 연추(煙秋)로 돌아와 농장 일을 했다. 연추는 발
해의 무역항 염주성이 있었던 크라스키노와 인접한 한인마을이다.

1884년 러시아가 블라디보스토크에서 두만강 하구까지 군용도로
를 건설하는 과정에서 연추 등지의 많은 한인들이 동원됐다. 이때 러
시아어가 유창한 선생은 통역으로 선발되어 한인들의 어려운 입장을
앞장서 대변해 큰 도움을 준다. 이로 인해 '최 페치카'라는 애칭을 얻
게 되는데, 추운 시베리아에서 '난로'를 뜻하는 페치카는 따뜻함의 상

징이다. 도로건설 과정에서 러시아 황제로부터 훈장을 받고 군·관의 신뢰를 얻은 선생은 군대에 소고기 등 식자재·건축자재를 납품하면서 큰 부를 쌓았다. 이후 러·일전쟁 등을 계기로 사업을 확장하면서 동포사회를 지원할 수 있는 물질적 기반을 확충해 나갔다.

당시 러시아 정부는 연추에 자치제를 허용하고 읍장(邑長)에 해당하는 도헌(都憲)을 두었는데, 선생은 1893년 한인 최초로 도헌에 임명되면서 한인사회를 이끄는 지도자가 된다. 모두 5개의 훈장을 받은 그는 러시아 국적을 취득하고 페트로그라드와 모스크바의 공식행사에 대표로 참석하는 등 러시아 당국의 신망을 얻었다. 도헌 시절 선생은 한인자녀 교육활동에 정열을 쏟았다. 연추에 교회와 학교를 건립하고 자신의 봉급과 재산을 장학금으로 내놨으며 연해주 지역 한인마을에 많은 소학교를 설립하도록 지도력을 발휘하고 직접 지원했다.

1904년 러·일전쟁이 발발하자 러시아 해군 통역장교로 참전했고, 전후 박영효의 요청으로 일본으로 건너가 위기에 놓인 조국의 현실을 알게 되면서 적극적으로 항일운동에 나서게 된다. 1907년 선생과 이범윤이 중심이 되어 의병을 조직했고 그해에 연해주로 망명한 안중근을 만난다. 1908년 선생은 이위종과 함께 거액의 군자금을 제공해 연추의 자택에서 이범윤·이위종·안중근 등과 함께 최초의 독립운동단체 '동의회(同義會)'를 조직해 총장에 선임됐다. 동의회 취지서는 '만약 조국이 멸망하고 형제가 없어지면 우리는 뿌리 없는 부평이라 다시 어디로 돌아가겠는가'라고 쓰고 있다. 동의회 의병부대는 연해주 최남단인 하산에서 두만강을 건너 우영장(右營將)인 안중근 등의 지휘로 일본군과 격전을 벌였다.

선생은 안중근 의사 거사의 막후 후원자이기도 하다. 선생의 집은 독립운동의 아지트였으며 안 의사가 동지들과 함께 손가락을 잘라 맹세한 단지동맹도 이곳에서 이루어졌다. 자금과 권총을 구해주고, 거사 후 러시아 법정에서 재판받도록 국제변호사를 선임했으나 일본 법정에서 불법재판 끝에 안 의사는 순국한다. 그 후 선생은 안 의사의 가족들을 보호해 준다.

치열했던 의병활동이 일본의 집요한 압박과 러시아의 정책변화로 한계에 직면하자 선생은 갈등 끝에 이범윤과 결별하고 언론·교육·계몽활동으로 국권회복운동에 나선다. 1909년 '대동공보' '대양보' 등 신문사를 인수·운영하면서 한인계몽과 항일사상 고취, 일제침략만행규탄 등의 활동을 전개한다. 국권상실 후 1911년 말 신한촌에서 한인 경제활동과 교육을 장려한다는 명분으로 사실상 독립운동 단체인 '권업회(勸業會)'가 설립됐으며, 선생은 총재—회장으로 선임되어 활발하게 한인사회를 이끌었다. 권업회는 이후 러시아 한인의 대표 항일단체인 '전로(全露)한족회중앙총회'로, 이어서 '대한국민의회'로 개편된다.

1914년 제1차 세계대전이 발발하자 러시아와 일본이 동맹관계로 발전하면서 연해주 항일운동은 큰 타격을 받는다. 이후 일제의 사주로 선생은 러시아 당국에 체포되는 등 위기를 겪지만 1917년 러시아 혁명 후에는 연해주 민족지도자로 자리 잡았고, 1918년에는 이동휘와 함께 '한족대표자회의' 명예회장에 추대되었다. 이듬해 블라디보스토크 만세운동을 주도했으며 최초의 임시정부였던 '대한국민의회'에 참여해 외교부장으로 선출됐다. 1919년 상해 임시정부가 수립되면서 초대 재무총장으로 선출됐지만 사퇴하고 취임하지 않았다. 대한국민의회와 상해임정의 노선 차이에 기인한 것으로 보인다.

작년 순국 103년 만에 부인과 현충원 안장

2023년 서울 국립서울현충원에서 최재형 지사와 부인 최 엘레나 페트로브나 여사의 영현이 봉송되고 있다. ⓒ 연합뉴스

러시아혁명 후 1918년 일본은 시베리아 출정을 단행했고, 1920년 4월 일본인 학살을 빌미로 러시아 적위군과 블라디보스토크의 한인촌, 우수리스크 등지의 수백 명 한인들을 습격해 대대적인 체포·고문·학살을 자행했으니 바로 '4월 참변'이다.

독립운동의 거두로 일제의 표적이 된 선생은 우수리스크의 자택에서 도피하라는 가족의 권유에도 "만약 내가 숨는다면, 일본인들이 잔인하게 너희에게 복수할 것이다. 나는 이미 늙었고 너희들은 더 살아가야 하니 나 혼자 죽는 편이 더 낫다"라고 오히려 가족을 설득했다. 그해 4월 5일 아침 선생은 일본군에 체포되고 재판 없이 총살되면서 60세 나이로 순국한다. 상해임시정부에서는 선생과 순국 인사들을 위한 추모회가 개최됐고, 1921년 상해임시정부 대표단은 우스리스크를 방문해 부인과 자녀들을 위로했다. 대한민국 정부는 1962년 건국훈장 독립장을 추서했으며, 2011년 최재형기념사업회가 발족했다.

우수리스크는 연해주 독립운동가들의 거점으로 고려인들의 삶의 터전이었고 2009년 고려인문화센터가 개관했다. 지금도 고려인들은 '최 페치카'를 알고 있다. 선생이 마지막 거주했던 주택은 2019년 최재형기념관으로 개관했다. 선생은 4남 7녀를 두었고 아들과 딸이 회고록을 남겼다. 선생의 유해는 행방을 알 수 없고, 2023년 8월 순국 103년 만에 키르기스스탄의 묘지에 있던 부인의 유해를 모셔 와 국립현충원에 합장 묘역을 마련했다.

선생은 가난한 농노의 아들로 태어나 이국땅에서 남부럽지 않은 부를 쌓았으나 평생 모은 재산을 항일투쟁과 동포지원활동에 쾌척하고 항일운동에 나섰다. 동포애와 나라사랑의 일념으로 성공한 인생을 동포와 조국에 모두 바친 선생의 노블레스 오블리주 정신은 한민족사에 영원히 기억될 것이다.

3

팔만대장경과 김영환 대령

편집 최정철

6·25 전쟁 중이던 1951년 9월 18일 오전 6시 30분. 전투기 4대의 공군 편대장이던 김영환 대령은 '공비 소굴인 합천 해인사를 폭격하여 지상군을 지원하라'는 상부의 명령을 받았습니다.

해인사 상공에 도달하자 김영환 대령은 '내 명령 없이 폭탄을 투하하지 말라, 기관총만으로 사찰 주변을 공격하라'고 편대원들에게 지시했습니다. 그는 상부의 명령을 따르지 않았습니다.

'해인사에 폭탄을 투하하라는 데 왜 명령을 듣지 않느냐?'는 상부의 지시가 다시 떨어졌습니다. 그래도 그는 계속 명령에 불복종했습니다. 편대의 다른 장교들까지 '폭격 명령을 내려달라'고 재촉했지만, 그는 해인사 뒤쪽 가야산 산자락에 폭탄을 투하하는 것으로 작전을 끝냈습니다.

미국 군사고문단은 이승만 대통령에게 강력히 항의했습니다. 이 대통령은 크게 화를 내면서 김영환을 총살이 아닌 대포로 쏘아 죽이라고까지 하였습니다.

그날 저녁, 미국 군사고문단 책임자가 김영환 대령과 그의 편대원 3명을 불러 명령불복종 행위에 대해 엄중히 추궁했습니다. 이에 김영환 대령은 당당하게 대답했습니다.

"태평양전쟁 당시 미군이 일본 교토를 폭격하지 않은 것은 교토가 일본 문화의 총본산이었기 때문 아니었습니까?"

"뿐만 아니라 영국이 인도를 식민지로 영유하고 있을 당시 영국인들은 차라리 인도를 잃을지언정 셰익스피어와는 바꾸지 않겠다고 했습니다."

"마찬가지로 우리 민족에게 팔만대장경은 인도하고도 바꿀 수 없는 세계적인 보물입니다. 이를 어찌 수백 명의 공비를 소탕하기 위해 잿더미로 만들 수 있겠습니까?"

그 이듬해인 1952년 김영환 대령은 장군으로 진급되었습니다.

1954년 3월, 애석하게도 김영환 장군은 동해시 인근 상공에서 악천후로 추락, 순직하였습니다.

2002년부터 매년 6월 호국 보훈의 달을 맞아 김영환 장군을 기리는 故 김영환 장군 추모제가 합천 해인사에서 거행되고 있습니다. 2007년 팔만대장경은 유네스코 세계 문화유산에 등재됨으로써 김영환 장군의 **숭고한 애국정신**이 재조명되었습니다.

김영환 장군의 용기와 신념, 투철한 역사의식은 선조들이 물려준 소중한 우리의 문화유산을 지켜내었습니다. 2010년 8월에는 **금관문화훈장이 추서**되었습니다.

4

역사 잊어선 안 되는 이유

세계일보 에르덴 만드카이 유학생 2023.11.29.

에르덴 만드카이 유학생

　　최근 여행차 한국을 방문한 몽골 친구와 함께 서대문형무소역사관을 방문했다. 본래 형무소는 죄인을 가둬 두는 곳이지만 서대문형무소에서 고초를 겪었던 이들은 그 누구보다도 나라를 사랑했던 애국지사들이었다. 1923년 지어진 서대문형무소에서는 일제의 한국 강제 점령을 반대했던 많은 한국인이 수용돼 고문을 당하고, 처형당했다. 이곳에서는 18세 미만의 여성, 10년 이상을 선고받은 자 그리고 무기수를 수용하였으며, 1944년 기준 2,890명이 있었다고 한다.

　　서대문형무소를 거닐면서 슬픔과 분노가 교차했다. 친구와 나는 일본 제국의 한국인 탄압을 보여주는 유물과 문서들을 통해 일제강점기에 어떤 일이 있었는지를 직접 목격했으며, 감옥 안에 갇혀 애국자들이 겪었던 고통과 투쟁을 여실히 목도할 수 있었다. 언어와 이름 등 한국인으로서의 정체성을 모조리 말살함으로써 한민족을 완전히 지워 버리려 했다.

어두컴컴한 전시관 지하에는 고문을 받는 독립운동가들의 모습이 실감 나게 재현돼 있었다. 복도 깊이 걸어 들어가니 수많은 고문 장치와 서대문의 처참한 생활 환경이 있었다. 감옥에 갇혀 고문받는 이들의 얼굴은 범죄자가 아닌 우리와 같은 일반 시민들의 얼굴이었다. 독립운동을 지지했다는 이유로 투옥되고 고문을 받은 한국인들의 처절한 심정을 엿볼 수 있었다. 감옥에서 살아남은 사람들과 예술가, 시인, 성직자들은 시대를 기록했고, 100년이 지난 지금도 우리는 역사를 기억하고 있다. 감옥은 비어 있지만 그곳에 독립운동가들의 정신만은 여전히 남아 있었다.

오늘날 한국은 그 어느 나라보다 현대적이고 민주적이며 독립적인 나라다. 지금 이러한 한국이 된 데에는 많은 이들의 노력이 있었다. 이들은 현실에 굴복하지 않았고, 타협하지 않았으며, 자존심을 굽히지 않았다. 100년이 지났지만 독립을 향한 이들의 결단과 투쟁, 희생을 결코 잊어서는 안 된다. 자유와 평화는 공짜로 주어지는 것이 아니며, 지금의 우리도 이러한 가치를 지켜 나가야 하기 때문이다.

우리는 조상들의 유산을 간직하고 소중히 여겨야 한다. 더 밝고 더 나은 미래를 맞이하기 위해서는 과거로부터 배우는 것이 중요하다. 한국은 서대문형무소를 유네스코 세계문화유 산으로 등재하기 위해 열심히 노력하고 있다고 한다. 일본의 제국주의적 야심이 담긴 이 유물이 세계문화유산으로 인정된다면 자유와 평화의 진정한 가치를 세계에 알릴 수 있을 것이다.

2시간 남짓 전시 공간을 두루 돌아보고 나오니 강우규, 안창호, 유관순 등 순국열사의 이름을 기록한 추모비를 볼 수 있었다. "손톱이 찢어지고 코와 귀가 찢어지고 다리와 팔이 으스러져도 이 육체적 고통은 조국을 잃은 아픔과 비교할 수 없다." 유관순의 말이 모든 한국인의 민족정신을 감싸고 있다는 생각이 들었다.